孩子的幸福比成功更重要

冯喆 著

北京日报出版社

图书在版编目（CIP）数据

孩子的幸福比成功更重要 / 冯喆著 . -- 北京：北京日报出版社 , 2022.12
　　ISBN 978-7-5477-4423-9

Ⅰ．①孩… Ⅱ．①冯… Ⅲ．①家庭教育 Ⅳ．① G78

中国版本图书馆 CIP 数据核字（2022）第 206798 号

孩子的幸福比成功更重要

出版发行：	北京日报出版社	
地　　址：	北京市东城区东单三条 8–16 号东方广场东配楼四层	
邮　　编：	100005	
电　　话：	发行部：（010）65255876	
	总编室：（010）65252135	
印　　刷：	香河县宏润印刷有限公司	
经　　销：	各地新华书店	
版　　次：	2022 年 12 月第 1 版	
	2022 年 12 月第 1 次印刷	
开　　本：	710 毫米 ×1000 毫米　1/16	
印　　张：	13.5	
字　　数：	140 千字	
定　　价：	58.00 元	

版权所有，侵权必究，未经许可，不得转载

推荐序

在多年的美术教育过程中，我遇到很多这样的家长，他们在日常鼓励孩子学习之余，也会主动相互探讨一些关于育儿的问题。每每遇到这样的家长，我都会积极回应，为他们献计献策，跟他们共同探讨家庭教育的问题。无疑美术教育的过程，俨然变成了一个我们和家长共同成长的过程。

在与孩子沟通或管教孩子的过程中，家长遇到了很多问题，比如：我们为什么要生孩子、养孩子？我们真的了解自己的孩子吗？孩子在不断成长，如何才能成为更好的父母，如何有效管理自己的情绪？……

《孩子的幸福比成功更重要》是作者多年的教学手记，主要具备以下几个特点：

第一，书中提出了很多令人耳目一新的家庭教育理念，父母在教育孩子时可以借鉴使用。该书的核心理念是，孩子的幸福是最重要的，父母要关注孩子的幸福感，提高孩子的幸福指数。这些育儿理念都值得年轻家长好好学习。

第二，育儿理念和实践相结合。事实上，要想帮助孩子成为品质高尚的人、敢于承担责任的人、有勇气的人，光有爱远远不够，还需要掌握必要的技巧。而本书堪称一本非常实用的工具书，认真阅读这本书，你就能获得这些技巧。

第三，该书突出了"幸福"二字，当然本书所倡导的育儿理念并不仅仅是简单地针对某一方面的改善，而是以培养出有存在感、有成就感、有爱心、有愉悦感、有安全感的孩子为己任，让孩子更幸福。

家庭教育之路漫长而崎岖，只有锲而不舍，才能掌握教育的真谛！希望《孩子的幸福比成功更重要》能够给家长和教育工作者提供有益的参考和借鉴！

2021年10月1日于北京

前 言

在家庭教育中，受到影响相对更大的是孩子。

家庭教育的意义，就是寻求现代社会符合孩子身心健康发展的普遍规律。

在我国历史上，很多先哲名家确实给我们留下很多不错的教育方法和理念，把这些教育方法和理念应用到现代家庭教育的过程，就是我们的学习过程。比如，"有教无类""君子不器"等理念，确实有一定的道理，但今天的我们该如何应用这些教育理念，就需要我们认真学习了。

在教育孩子的过程中，很多父母都发出了这样的疑问：为什么现代孩子会这样做，旧时的孩子却不会呢？为什么旧时的孩子会自我疗愈，现在的孩子却不会呢？其实，只要对比不同时期的教育，就能发现主要原因：

1. 基因的不断进化，社会的不断发展，让现在的孩子成长速度不断加快；

2. 孩子接受新事物的速度远超父母，甚至超出父母的想象。因此，沿用几千年来的教育理念、教育方法来教育现在的孩子，遇到问题时，父母多半都会感到束手无策，都会遇到更多的"不知道"：

孩子焦虑的时候，不知道该如何缓解。

孩子写作业写到很晚，不知道该如何提高效率。

孩子一直痛哭，不知道该如何疏导。

孩子顶嘴，不知道该如何沟通。

……

旧有的教育方法已经无法适应当今孩子的需求，现代社会需要符合时代发展的教育方法。新时代的父母不仅要关注孩子的身体健康，更要重视他们的心理健康，因为肉眼看不到的危险可能才是真正的危险。孩子的多数心理问题都来源于家庭教育，如果一个孩子身体健康，心理却有问题，那很可能伤人又伤己。

按照现代社会的规律来教育孩子，孩子长大后即使无法成龙成凤，但也至少是积极、正面、阳光、快乐、幸福的。

学习的是父母，受益的是孩子。方向不对，所有的努力都白费。

幸福来自接纳、原谅、感恩。

快乐是幸福的起点，幸福是开心的终点。开心是暂时的，幸福是持久的，持久的开心才是幸福。

幸福比成功更重要！让孩子幸福，是父母最大的成功；孩子幸福了，父母的教育也就成功了。

成功不是当大官,不是发大财,而是满满的幸福感。

对于父母来说,如果连自己的情绪都控制不好,何谈愉悦?不会疏导孩子的负面情绪,家庭何谈幸福?

好的家庭教育,可以让爱在每个家庭成员之间流动,爱的流动能让幸福指数不断提升!

目 录

第一章 幸福的孩子才有幸福的未来

第一节 幸福到底是什么 / 2

第二节 是什么削弱了孩子的幸福感 / 5

第三节 削弱孩子幸福感的因素之一：过度安逸 / 9

第四节 削弱孩子幸福感的因素之二：苦中作乐 / 13

第五节 削弱孩子幸福感的因素之三：消极怠惰 / 17

第六节 幸福不是什么 / 21

第七节 真正的幸福，就是用幸福的想法创造幸福的未来 / 25

第二章 幸福就像狗尾巴

第一节 孩子的幸福就在"当下" / 30

第二节 生命是上苍最好的礼物 / 35

第三节 教孩子放下肩上的包袱，单纯地活着 / 39

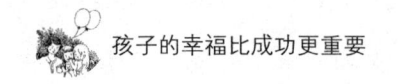

第四节　欲望越少，幸福越多 / 42

第五节　教孩子学会吸引幸福 / 44

第六节　幸福就像狗尾巴 / 48

第三章　家长如何让孩子学会感受幸福

第一节　如何提高孩子的幸福感 / 56

第二节　教孩子学会衡量幸福 / 60

第三节　孩子幸福的开关在家长身上 / 63

第四节　培养孩子感受幸福的方法之一：忘记障碍 / 67

第五节　培养孩子感受幸福的方法之二：学会感恩 / 71

第六节　培养孩子感受幸福的方法之三：发现幸福 / 74

第四章　每天都有幸福

第一节　每天一个幸福的理由 / 78

第二节　告诉孩子：不完美才是真实的人生 / 83

第三节　认识和欣赏孩子所拥有的 / 88

第四节　遵从心灵的旨意 / 91

第五节　生命中的每一刻，都有完美与奥妙 / 96

第五章　学习如何提升幸福感

第一节　幸福是快乐的下一站 / 100

第二节　孩子拥有什么，才真正感到幸福 / 105

第三节　父母心态平和，孩子才能幸福 / 109

第四节　运动增加幸福感 / 113

第六章　在孩子心中种一棵叫作"幸福"的树

第一节　梦想是幸福的种子 / 120

第二节　分享使幸福加倍 / 125

第三节　有爱的孩子更幸福 / 129

第四节　教孩子学会习惯幸福 / 133

第七章　凡事皆有美意

第一节　不经历苦难怎么见彩虹 / 140

第二节　幸福总会慢半拍 / 146

第三节　所有的苦难都会变成人生的财富 / 150

第四节　坏到最后，都会转好 / 156

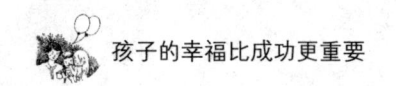

第八章　幸福也有法则

第一节　不同的孩子有不同的幸福法则 / 164

第二节　多血质的幸福密码 / 169

第三节　胆汁质的幸福密码 / 172

第四节　黏液质的幸福密码 / 176

第五节　抑郁质的幸福密码 / 180

第九章　幸福就是这样环环相扣

第一节　教会孩子相信自己会幸福 / 186

第二节　不抱怨的人生更幸福 / 192

第三节　原谅别人就是祝福自己 / 197

第四节　孩子的幸福永远比成功更重要 / 201

第一章

幸福的孩子才有幸福的未来

第一节
幸福到底是什么

从古至今，人类对幸福的追求从来没有停止过。生活的最终目的就是拥有幸福，追求幸福是全人类的共同心愿。那么，幸福到底是什么呢？每个时代、每个国家、每个人，对于幸福的定义不尽相同，成年人和孩子对幸福的认知也不同。那么，对孩子来说，幸福到底是什么呢？

幸福不是金钱，你给孩子再多的钱、再丰富的物质，也不能让孩子长久地感到幸福。举个最简单的例子，南太平洋上的岛国瑙鲁，曾经是世界上最小的最富有的岛国，瑙鲁5/6的土地上都堆积着鸟粪，鸟粪矿化为磷矿，总储量1亿吨左右，以每吨50美元计，这些鸟粪的总价值在50亿美元左右。瑙鲁每年靠出售鸟粪获得上亿美元的收入，这个小岛上的居民无须工作，一切由政府包干，每人每年享受政府发放的35万美元福利，还享受免费读书、免费看病、免费住房、免费电话、免纳所得税，连出国留学也有由政府负担的优厚待遇。然而，瑙鲁人民不幸福，瑙鲁是世界上人均寿命最短的国家，是世界上高血压、心脏病和脑中风发病率最高的国家，全岛能活到60岁的人仅有1.3%，绝大部分瑙鲁人被疾病威胁，生命短暂，堪称不幸。成年人尚且如此，对于孩子来说，更是如此，如果孩子们从小一切富足，想要什么就有什么，那他们获得的快感和急迫感就会因此降低，对于美好生活的追求也因此缺乏动力。所以，幸福不是金钱。

幸福不是科技。与茹毛饮血、刀耕火种的远古人类相比，现在的人类享受着高科技带来的便利，然而，我们真的感觉到幸福了吗？我们真的能够因为高科技而幸福满足、心情愉快、快乐一生吗？现在的很多年轻人，包括一些孩子，都整天忙着追逐高科技产品，然而，回想以前那种一家人围炉夜话，听老一辈讲神话故事的场景何尝不是非常幸福的。有的家长热衷于电子产品，回家就抱着手机，孩子也有样学样地抱着手机和平板电脑，这种短暂的满足感是幸福吗？不是，只是消磨时间的没有温度的网页浏览罢了，只是娱乐而已，更谈不上幸福了。

那么究竟什么是幸福呢？准确地说，幸福是一种能力！一种从内心感受到愉悦，有节制地享受快乐，从容地应对当下，珍惜生命中每一瞬间的能力！这就是孩子们所应该拥有的真正的幸福。

常听婚姻不幸的夫妻说，为了孩子将就着过吧！然而事实上，你为了孩子将就，孩子就真的幸福吗？一帆风顺构不成人生，真正的幸福不是孩子遇到了幸福，而是孩子感受到了幸福。

现在很多家长都很重视孩子的学习、注重孩子的素质教育、注重孩子的成功,然而幸福比成功更重要,成人比成才更重要。对于孩子来说,拥有幸福最重要。幸福就是在逆境中依然能够保持乐观,继续前行;幸福就是一个人的时候不会孤单,在面对孤独时坦然而舒畅。孩子和成年人一样,会彷徨、困惑、哭泣、悲伤。然而如果孩子拥有了感知幸福的能力,那么他就更容易克服生活中的困难,快乐前行!

第二节
是什么削弱了孩子的幸福感

幸福就像狗尾巴,当我们跑了一圈又一圈,企图将它抓住的时候,它还是跑在我们的前面,无法触及。那么当下的孩子们,拥有更多的物质基础,拥有更好的教育环境,拥有更好的家庭背景,为什么感觉不到更多的幸福呢?究竟是什么削弱了孩子们的幸福感?

在苏联作家尼古拉·奥斯特洛夫斯基的名著《钢铁是怎样炼成的》中,主人公保尔·柯察金说过这样一段话:"人最宝贵的是生命,人只有一次生命。一个人的生命应该是这样度过的:当他回首往事,不会因虚度年华而悔恨,也不会因碌碌无为而羞耻。这样,在临死的时候他就能说:我的整个生命和全部精力都已贡献给了世界上最壮丽的事业——为人类的解放而斗争。"这一段话广为流传,妇孺皆知。在它的后面还有一段话,同样有意义，那就是："所以应该赶紧生活，要知道，稀奇古怪的疾病或一些悲惨的偶发事件都可以中断人的生命。"

没错，我们必须抓紧时间过有意义的生活，才能获得真正的幸福。所以要想获得幸福，首先要找到生活的意义；那么对孩子们来说，什么是有意义的生活呢？

为什么生活应该过得有意义呢？

每个人呱呱坠地的时候，都是一张白纸。所以，我们得为自己找到一个活着的意义。选择什么样的人生目标，是每个人的自由，让孩子成为保尔·柯察金还是达·芬奇并不重要，重要的是一定要有一个目标。如果一个人没有目标、没有方向，那他该如何去应对漫长的一生呢？人这一生，山高水远、长路漫漫、障碍万千、选择万千，如果没有目标，怎么向前迈进呢？如果没有目标，人生应该如何取舍呢？如果生活没有意义，何谓对错？

当然，生活的意义和幸福并不是对等的关系，但是，要生活得幸福，就一定要找到生活的意义。

谁不想拥有幸福呢？那么，怎样才算拥有幸福？

许多成年人都在忙忙碌碌地追求幸福，而追求的阶段性目标，大都是满足自己这样那样的生活需求。比如，拥有一辆车；比如，拥有一间大房子。大多数人都以为，满足了自己的这些生活需求，幸福就会接踵而来，然而事实并非如此。对于孩子亦然，并不是说当下的孩子们拥有了更加丰富的物质，就会更幸福。

还是先用我自己来做例子。

年少的时候，我想象中的幸福人生有三个版本。

第一个，卖冰棍。在我儿时的想象中，如果长大了去卖冰棍，就可以随心所欲地吃冰棍，那该有多幸福啊！

第二个，去电影院做售票员。我小时候最爱看电影，可当时父母都忙，家里也很拮据，除了学校定期带我们去看电影，就再没机会走进电影院了。所以我梦想长大后，能去电影院做售票员，这样就可以天天免费看电影了。

第三个，成为一名像吴承恩那样的作家。相信很多人都和我一样，年少的时候非常喜欢《西游记》，是孙悟空的超级粉丝。所以我一直希望自己能像吴承恩那样，塑造一个上天入地的"孙悟空"，成就一部流芳百世的文学巨著。

所以，孩子的幸福感与所拥有的物质条件的丰厚程度并不成正比。

再说说我的一个朋友，她年少时关于幸福的解读，也是那个时代的很多小女孩共同的想法。

她小时候最喜欢做的游戏，就是扮演售票员。她小心翼翼地从爸爸、妈妈那里找来废旧的公交车车票，一张张整整齐齐地剪去残边，精心地收集一些老北京酸奶瓶上捆绑纸盖的橡皮圈。她用橡皮圈捆绑好一沓沓废旧的公交车车票，再用橡皮圈拴在红蓝铅笔的两头，然后系在成沓的公交车旧车票上。她细致地为红蓝铅笔的两头绑上橡皮圈，这样就可以增大摩擦力，撕票的时候，用铅笔一蹭，就可以把小小的车票翻开了。她当时的幸福，就是长大后做一名售票员。为此，小时候她不知道"演练"了多少次。她把小朋友们都叫到自己的家里来，排好小板凳，等大家坐好了，就挨个卖票给大家。做"售票员"的时刻，就是她感觉最幸福的时刻。

所以不要以成年人的心态去衡量孩子的幸福，孩子的世界永远和成年人不同，他们的幸福感也与我们不同。

不要以为学习成绩好了，孩子就会感到幸福；也不要以为你拼尽全力买了学区房，孩子就会感到幸福。这些都是成年人的判断，在成年人眼里，成功似乎比幸福更重要，或者很多成年人以为，成功是获得幸福的重要途径。但事实上对孩子来说，幸福和成功并没有绝对的对等关系，孩子的幸福感远比获得成功更重要。

在孩子懂得生活的意义之后，明白自己为什么而生活，怎样去生活，他们在真正感受到自己的需求之后，才能够拨云见日，在平淡的生活里，发现幸福，感受幸福。

第三节
削弱孩子幸福感的因素之一：过度安逸

在第二节里曾经说过，削弱孩子幸福感的，是生活的意义和生活的需求。只有真正看清生活的需求之后，孩子们才能发现幸福，感受幸福。我们在生活中，经常会羡慕"别人家的孩子"，那些看起来过得舒适、成才的孩子们，是真正的幸福吗？我认为不尽然。

我有一个朋友，家境富足，在市中心有一座老宅子，老宅子里有两栋二层楼，还有一排门面房出租给银行做营业厅。她的孩子从小到大一帆风顺，不管是上学还是工作，都非常顺利。他从小学习成绩也不错，还上了各种兴趣班，一路顺风顺水地走过来。大学毕业后他进了一家不错的单位，再后来顺利地结婚、生子。小两口收入不菲，衣食无忧。他的生活一直是大家眼里幸福的楷模。

去年十一，他到西安某高校参加考试，我作为长辈，照顾了他三天。三天时间里，我逐渐洞悉这个孩子幸福背后的蛛丝马迹。其实，眼睛所看到的幸福，并不见得就是真正的幸福。

首先，他抱怨自己在单位工作这么多年，始终没有很高的收入。其次，他抱怨工作太忙，老婆给他起了个外号，叫作"大禹"。"大禹"这个外号听起来有趣，颇有"三过家门而不入"的含义，却透露着老婆内心的不满和落寞。再次，谈及自己的生活，他悠悠地说："生活对我不公啊！"他的工作能力究竟怎样我不得而知，但是我至少可以确定，他内心渴望的幸福和我们所看到的幸福是不一样的。

最后，聊到了生活的乐趣，他说："我这么多年都在单位做行政，也没有什么一技之长，没啥太多的乐趣，下班不是陪领导吃饭、打牌，就是回家打游戏，也没有什么其他爱好了。"这番话，让我怀疑曾经的那些舒适和温暖、富足和顺利，是不是宛如揠苗助长，让他失去了独立生活的能力，把他变成了温室里的花朵。正所谓"生于忧患，死于安乐"，他一直在经历的，其实是一种不幸福：揠苗助长。最终，他所享受到的所有幸福，会将他全部的潜力消耗殆尽，直至他在安逸平稳的生活里，逐渐失去自我，失去活力。

当下，很多孩子正在经历的"幸福"，正是揠苗助长。虽然家长给孩子们提供了富足的生活条件，但是孩子们缺乏挫折教育，没有忧患意识，个性散漫自由，学习懈怠拖沓，这正是所谓的"幸福"带来的后果。

有这样一个故事：

一个富家公子和一个爱慕虚荣的女孩订婚了，订婚宴上，富家公子送给女孩一枚硕大的钻戒，作为他们之间的定情信物，爱慕虚荣的女孩十分高兴。结婚后，两人都没有工作，守着殷实的家产过着极其奢侈的生活，并且天真地以为，他们可以一直这样快活到老。

就在富家公子订婚的同一天，一个家境清贫的男孩也与自己深爱的女孩订婚了，这个女孩也是穷人家的孩子。婚礼上，穷小子只送给了女孩一个玻璃的结婚戒指，但是他发誓，一定努力工作，将来把玻璃戒指换成钻石戒指。婚后，两个人过着朴素而勤俭的日子，不分昼夜地辛勤工作。

15 年后，富家公子和他的太太已经将家产挥霍一空，家里能卖的都被他们卖掉了，连富家公子的太太手上的那枚钻戒也被卖了出去。最后，走投无路的他们开始沿街乞讨。与此同时，辛勤工作的穷小子和太太已经积累了一大笔财富，当年的穷小子兑现了自己的誓言，虽然他给太太买的是一枚二手钻戒，却硕大而耀眼。

有一天，沿街乞讨的富家公子和太太遇到了当年的穷小子夫妻俩，富家公子的太太一眼就发现，穷小子的太太的手指上，戴的正是自己当年拥有的那枚硕大的钻戒，她忍不住流下了眼泪。

孟子曰："生于忧患而死于安乐。"安逸的生活总是容易让人懒散，至少表面上是这样的。然而，正是这种安逸带给孩子们虚幻的安全感和满足感，使他们一步步迈向怠惰，直到步入人生的桎梏。因此，很多时候，过度安逸削弱了孩子们的幸福感。

第四节
削弱孩子幸福感的因素之二：苦中作乐

很多中国人，特别是上了年纪的老一辈，都喜欢一个词：苦中作乐。在中国，"苦中作乐"被当作阿Q精神予以传扬，事实上，有很多孩子正在经历的第二种不幸，就是苦中作乐。

城市越来越繁华，人们越来越忙碌，心灵越来越孤单，孩子们的学习班越报越多，每晚的作业也越来越多。城市里的大人和孩子们，很多都在钢筋、水泥间匆忙穿梭，忘了温情、忘了快乐、忘了自我，甚至，忘了幸福。

太多的孩子独自一人趴在书桌前学习，太多的孩子早早地带上了眼镜，太多的孩子的周末被各种各样的补习班、兴趣班填满，太多的孩子开始说累……很多家长却在孩子累了、困了、疲惫了的时候说：要学会"苦中作乐"，"吃得苦中苦，方为人上人"！那么孩子的快乐呢、幸福呢，又到哪里去了？难道孩子学到很多很多的知识，就会感到幸福吗？不，真正的幸福并不是获得了什么成就，而是内心的感觉。

相信很多人都看过英国喜剧《憨豆先生》，在这部连续剧中，那个喜欢给自己寄明信片、一个人过圣诞节、抱只玩具熊自说自话的中年男人，让我们为之捧腹。他用自己的方式，抽动耳朵、把鼻孔睁得很大、随意扭曲四肢、买个充气娃娃帮自己排队、挤占别人的车位，来获取一点小小的坏坏的成就感，把火鸡卡在自己的脑袋上……这就是憨豆先生的快乐和幸福。事实上，孩子的快乐和幸福与成年人想象的不同。借用电影《求求你，表扬我》里男主角杨红旗（范伟饰）的台词："幸福那就是：我饿了，看别人手里拿个肉包子，那他就比我幸福；我冷了，看别人穿了一件厚棉袄，他就比我幸福；我想上茅房，就一个坑，你蹲那儿了，你就比我幸福。"对于孩子来说，幸福比这个还简单，幸福就是猫吃鱼，狗吃肉，奥特曼打小怪兽。

中国有句老话：先苦后甜。很多家长都将这句话铭记于心，一味地要求孩子"先苦后甜"。他们总告诉孩子，努力再努力，你的学习成绩好了，就能有更好的未来，就能有更多的能力去享受生活，就能感受到更多的幸福。难道真的是这样吗？

网络上盛传的复旦大学青年女教师于娟，在自己最后的生命里领悟到："在生死临界点的时候，你会发现，任何的加班（长期熬夜等于慢性自杀），给自己太多的压力，买房买车的需求，这些都是浮云。如果有时间，好好陪陪你的孩子，把买车的钱给父亲母亲买双鞋子，不要拼命去换什么大房子，和相爱的人在一起，蜗居也温暖。"世界各个国家各个组织有关幸福感指数的研究表明，幸福和收入、社会地位、居住条件、物质生活之间并不存在正比关系。事实上，各个国家幸福感比较高的人群，大都是那些中等收入水平的人，而到了一定的临界点，收入越高、社会地位越高，幸福感就越低。

在现实生活中，的确有这样一些人，他们十分清苦地生活着，总想当下多忙碌些、多节俭些，希望以后有的是时间去休息、去享受。他们任劳任怨，日复一日地劳作，忍受生活的艰辛，将每一分钱都积攒起来，不敢有丝毫的松懈。他们把眼前的苦当作是以后"甜"的资本，终年为了以后的幸福忙碌奔波，然而他们等到的"甜"，可能是有一天，终于累得倒下了，才不得不脱离忙碌和艰辛的"苦海"。家长们都不想让自己的孩子这样"先苦后甜"吧？那就不要要求孩子们"苦中作乐"，不要一味地给孩子们开幸福的空头支票，将幸福推到遥远的将来。否则，等孩子们的眼睛近视了、身体越来越差、精神高度紧张、心情战战兢兢的时候，还能感受到生活的幸福吗？

　　幸福不仅仅是爬上山顶的那一刻，它贯穿于整个攀登的过程。如果总是给幸福开一张终点站的空头支票，那么当孩子历尽磨难走到终点的时候，一路的艰辛足以抵消最终的幸福感。那个时候的感觉，不叫幸福，叫遗憾。

第五节
削弱孩子幸福感的因素之三：消极怠惰

在现实生活中，还有一些孩子正在经历另外一种不幸，那就是消极怠惰所造成的消沉绝望，也就是说，不能"内卷"，也不能"躺平"。有一句话说得好："我们通常所说的好逸恶劳，实际上，就是在不知不觉中意识到自己的无能。"对于一个孩子来说，艰辛困苦并不危险，相反，消极怠惰才是最危险的。

消极怠惰是苦难的制造工厂。太多的孩子被消极怠惰拖了后腿，消极和怠惰都是病态的心理状态，它们会慢慢在孩子的大脑里生根发芽，然后渐渐地侵蚀孩子的心灵，最终主宰孩子的生活，决定孩子的命运。

当下，有很多年轻家长也被消极和怠惰所禁锢。他们惬意地躺在被窝里，一天睡20个小时还觉得不够；不做饭、不出门，吃饭叫外卖或者泡方便面；把脏袜子、脏内裤直接扔掉，再买新的来穿；懒得运动，懒得做家务；甚至懒得上班，干脆就当一个"啃老族"……就这样，活力被慢慢消耗掉了，大好年华就这样匆匆溜走。这样的家长，必然会将消极怠惰"传染"给孩子。

其实很多时候，一些孩子正在经历的不幸，就是因为过于消极过于怠惰，以至于拒绝了眼前的幸福。

俗话说得好："人懒生百丑"。消极怠惰会让孩子失去自信，没有了自信就没有了伸手抓取幸福的动力。

曾经，在美国有一位穷困潦倒的年轻人，就算将他身上全部的钱加起来，也不能买一件像样的西服。然而，就是在这样的情况下，他仍没有放弃自己心中的梦想：他想成为一名演员，他想拍电影、当明星。

当时，好莱坞总计有500家电影公司，他逐一分析，并且不止一遍。后来，他带上为自己量身创作的剧本，根据提前计划的路线与排列好的名单顺序，开始一家一家进行拜访。第一轮结束后，500家电影公司里没有一家对他和他的剧本感兴趣。

面对100%的拒绝，这位年轻人没有灰心。离开最后一家电影公司后，他又开始了新一轮拜访，继续向每一家电影公司推荐自己。第二轮的拜访结束后，500家电影公司又一次拒绝了他。

第三轮的拜访结束了，结果依然跟前两轮相同。咬咬牙，睡了一觉，年轻人又开始了他的第四轮拜访。当拜访到第350家电影公司时，老板居然破天荒地答应看看他的剧本。对年轻人来说，这件事意义非凡。

几天后，年轻人接到这家电影公司的通知，请他前去详细商谈。通过这次商谈，这家电影公司做出投资这部电影的决定，并让这位年轻人出演剧本中的男主角。这部电影后来一炮走红，它就是《洛奇》。

想必你也知道这位年轻人是谁了吧？对了，他就是大名鼎鼎的西尔维斯特·史泰龙。现在，只要翻开世界电影史，就可以看到这部叫《洛奇》的电影及这个红遍全世界的巨星。

在我们的周围，可以看到很多孩子被拒于幸福的大门之外。很多孩子明明有这样那样的天赋，就是因为怠惰、懈怠和退缩，最终辜负了上天赐予他们的天赋。他们缺少积极的态度，也缺少不懈的努力。而从古至今，凡是拥有幸福的人，他们身上几乎都有一个明显的共性，即积极勤奋。

俗话说："水滴石穿，绳锯木断。"孩子光有理想和追求是不够的，还需要有坚持下去的勇气和信心。如果做事情总是消极逃避或三心二意，就算是天才，也很难迎来幸福。当然，这里的天赋，不仅仅指某个专业、某个领域，每个孩子都是不同的，都有属于自己的天赋，哪怕仅仅是喜欢做饭、喜欢收拾家，甚至喜欢和人说话，都是其天赋的表现。倘若能鼓励他们将自己喜欢的事情坚持不懈地做下去，他们必定能够感受到成就和幸福，这份成就和幸福无关社会的评定，而是他们对自身成长所感受到的快乐和满足。所以，积极、努力的孩子总能笑到最后，如同耐跑的马才能喝到甘甜的河水。

当然，几乎每个孩子都有惰性，几乎每个孩子都会消极，然而，只要家长们能够欣赏孩子、鼓励孩子，就能帮助他们克服消极情绪；只要鼓励孩子从小事做起，从细节做起，他们就能逐渐摆脱怠惰。当然，消极怠惰不是一时养成的，所以克服起来也不是一蹴而就的。我们可以帮助孩子们逐步摆脱这种不幸，帮助他们把消极怠惰的所有借口都赶走，让他们脱离这种不幸，看到人生的幸福。

第六节
幸福不是什么

在已为人父母的成年人的幸福定义中，最重要的一项就是孩子的幸福。那么，孩子的幸福又是什么呢？每个人、每个家庭、每个孩子对于幸福的定义不尽相同，那么，我们不妨先来说说，幸福不是什么。

首先，对于孩子来说，幸福不是金钱。然而我们都不是不食人间烟火的神仙，金钱对于孩子的成长是不可或缺的，也就是说，物质财富对于孩子的成长是必不可少的。尽管如此，但是，孩子的幸福并不会随着物质条件的增加成正比增长。

在成年人的世界里，我们常常会听到一些"过来人"说出这样的话："我无比怀念以前的日子，那时候虽然没什么钱，但每天都那么充实、快乐！现在呢，房子、车子、钱都有了，可是回家后一家三口各玩各的手机、平板电脑，感觉亲情疏远了，幸福感也少了很多。"名人常说的一句话就是："我真希望能够过普通人的生活。"那么如何让孩子们在适当的物质条件下既感受到幸福，又不会感到疏远和冷漠呢？如何让他们的内心永远充满温暖、充满动力，不会在未来的某一天，感叹幸福不再呢？

显然，成功不是幸福，有钱也不是幸福。幸福和金钱的关系，呈倒U形曲线。在一定的收入水平之下，金钱越多，内心越幸福；在一定的收入范围之内，收入的变化，对幸福没什么影响；而在一定的收入水平之上，金钱越多，内心越不幸福。

早在1974年，经济学家伊斯特林就提出了"收入—幸福悖论"：随时间推移，幸福感不再会随着收入的增加而增加。长期来看，通常是10年或更久，收入与幸福感之间为零相关。

前几年国外有关机构总结的世界幸福指数报告指出，人均GDP（国内生产总值）最高的国家卡塔尔，其人均幸福感排名却仅仅排在全球第35位。如果收入真的不能有效提升幸福感，那么它能够对我们产生什么影响呢？

针对这一问题，暨南大学管理学院李爱梅教授课题组首次提出了"金钱软垫效应"，即高收入不一定能够让人们觉得更加快乐，但是却在一定程度上能够让人们减少担心。当人们遇到一些不幸的事情的时候，比如生病住院，金钱能够在消极情绪之间起到一个软垫的缓冲作用，让人们没有那么担心。

一些研究发现，收入越高，人们对生活的满意度也会越高，但是收入却并不会影响个体的情绪幸福。可能有人会说，没有感到更幸福，那是因为还不够有钱，现实情况真的是这样吗？

并不是如此，收入对认知幸福有倒 U 形影响，即一开始随着收入增加，认知幸福随之增加，在年收入达到一定数值后，收入再增加，认知幸福有减少趋势。由此可以得出结论：在一定范围内，收入越多，对生活的评价会越高，当超出这个范围，认知幸福将不再增加。可能在初期的时候，收入的增加确实会给人带来更多的幸福感，但是增加到一定程度，金钱就不是会让人们觉得幸福的主要因素了。

对于家庭，金钱对幸福的作用如此，对于孩子更是如此，当他们想要的东西得到了满足后，再增加更多的物质满足，也很难提升他们的幸福感了。

其次，对于孩子来说，幸福不是高科技。

很多人都认为，科技的发展，必将提升孩子们的生活质量、教育质量，乃至幸福感。乍一听，这个观点还是颇有道理的。

火车、汽车、地铁和飞机，让人类实现了朝发夕至，不用再受鞍马劳顿之苦，快捷而安全，当然幸福多了；洗衣机、吸尘器、微波炉、电冰箱，让人类摆脱了家务劳动，让生活更便利，当然幸福多了；电话、手机、网络，让人类可以随时传送信息，快捷而便利，当然幸福多了。那么对于孩子们来说，现在有了更多的便利的学习方式和学习途径，网课、网络资源、各种教学视频、各种学习软件，可以让孩子们随时随地学习到各种知识，然而，孩子们真的感觉到幸福了吗？孩子们真的能够因为高科技而感到满足，幸福感倍增吗？事实上，孩子们更愿意和同龄人在一起，在室外奔跑、嬉戏、打闹，去接触自然，去释放天性。

而且，科技产品带给孩子们的新鲜感和快乐感是非常短暂的。但与小伙伴一起玩耍、嬉戏打闹带来的快乐感却会持续很久，甚至很多年。即便拥有一屋子的高科技产品，如果没有几个小伙伴一起玩耍，孩子最终收获的可能还是寂寞，而不是幸福。

所以，幸福不是高科技。

那么，说了半天，幸福不是金钱、不是高科技，孩子的幸福到底是什么？幸福就是让孩子从内心感受到愉悦，有节制地享受快乐，从容地应对当下，珍惜生命，珍惜时间，成为一个快乐的孩子！

第七节
真正的幸福，就是用幸福的想法创造幸福的未来

路易斯·海是美国著名的女心理学家。她曾说："我们每个人的生命经历，完全是我们自己创造的……我们现在的想法，创造着我们的未来。"意思很简单，如果一个人有了幸福的想法，并且向着心中的幸福努力，那么，他就能够创造幸福的未来。对于孩子也是如此，在每个孩子心中，都有属于自己的梦想，那些奇妙的、瑰丽的梦想，指引孩子走向未来，走向幸福。虽然很多时候，梦想看起来遥不可及，然而只要一步步向前走，那些幸福的想法，总能指引孩子们走向幸福的未来。

我听过这样一个故事：

在法国的一个小镇上，有一位普通得不能再普通的邮递员，他叫希瓦勒，每天奔走在小镇的各个村庄之间，将一封封邮件送到村民们手里。有一次，希瓦勒在山路上跌倒了，发现脚下有一块奇特的石头，于是，他将那块石头放进了自己的邮包。从此，

希瓦勒的邮包里多了很多奇形怪状、色彩缤纷的石头。

没有人明白邮递员希瓦勒为什么要收集这些山间随处可见的石头,村民们都嘲笑他愚笨,天天背着沉重的石头送信。然而希瓦勒却以此为乐,他甚至打算用这些奇特的石头建一座属于自己的城堡。

希瓦勒的生活,因这些石头而改变。白天,他一边送信一边收集奇形怪状的石头;晚上,他研究石头,琢磨如何用这些石头建造城堡。大家都觉得他疯了,靠他小小的邮包,如何能够建造一座雄伟的城堡?然而,希瓦勒却因为这些有趣的石头而快乐着,因为自己的梦想而幸福着。

20多年过去了,邮递员希瓦勒终于在自己的住处建成了一座错落有致的城堡。但村民们并不欣赏这座城堡,他们认为这座城堡根本没有什么价值,就像电脑游戏里的沙雕城堡一样奇怪而不实用。然而在20世纪初,希瓦勒的城堡被一位路过的记者发现,记者惊讶于这里的风景和城堡的造型,于是,他特意为此写了一篇文章。从此,邮递员希瓦勒和他的城堡名扬天下,连艺术大师毕加索也专程前来拜访。

如今,邮递员希瓦勒的城堡已成为法国最著名的旅游景点之一,当年希瓦勒发现的第一块石头,被立在城堡的入口处,上面还刻了一句话:"我想知道,一块有了愿望的石头可以走多远。"

邮递员希瓦勒是幸福的,他的石头城堡也是幸福的。对于孩子来说,他们的梦想也是从一块石头、一片树叶、一张图画、一部动画片、一首歌、一道菜……开始的,而真正的幸福,就是用幸福的想法创造幸福的未来,一旦有了对幸福的渴盼,石头也可以远行。

别对孩子们说幸福太遥远,有幸福的想法,然后向幸福迈进,就会拥有真正的幸福。

有个朋友的儿子酷爱蝴蝶,从四五岁起,就拿一只小网捕捉蝴蝶,大人们都以为那不过是孩子的游戏而已,可朋友的儿子却乐此不疲,只要回老家,就整天待在山林里捕捉蝴蝶。可上学的时候,城市里蝴蝶特别少,又不能总是让爸爸、妈妈开车带他去野外捕捉蝴蝶,这可怎么办呢?于是朋友的儿子就开始自己动手制作蝴蝶标本,将抓来的一只只蝴蝶做成标本,保存起来,每天看着这些蝴蝶标本,他就很开心。后来,他开始购买稀奇的蝴蝶标本,开始学习有关蝴蝶的知识,他的很多个假日,不是在捕捉蝴蝶,就是在学习有关蝴蝶的知识。在他上六年级的时候,一次通过某个生物学的网络论坛和坛主聊蝴蝶,作为某高校生物学教授的坛主竟然以为电脑这头是一位生物学专业的大学生。再后来,朋友的儿子竟然自己建立了蝴蝶数据库,并且报名参加了某高校的"拔尖计划",因为对蝴蝶的研究而被加分录取。

所以，不要小看孩子的梦想，我们永远不知道孩子的未来会多么美好，一颗石头也可以走很远，一只蝴蝶也可能引领孩子飞向幸福的彼岸。

所以，孩子真正的幸福，就是用幸福的想法创造幸福的未来。他们有自己的幸福，一只蝴蝶带给他们的幸福，远比我们能够想到的更远更灿烂，一颗石头能够带给他们的幸福，远比我们的视野更为宽广。

第二章
幸福就像狗尾巴

第一节
孩子的幸福就在"当下"

关于幸福的定义，一直以来都有无数种说法。有人说："幸福是一种主观意识。"有人说："幸福是一种纯粹的个人感觉。"有人说："幸福就是物质方面的满足。"有人说："幸福就是没有痛苦的时刻。"还有人说："幸福不是一种单纯的生理反应，它是快乐和意义的结合体。"其实，对于孩子来说，这些定义都过于复杂，只要他们可以用幸福的想法创造幸福的未来，那么当下的每一分钟，都是幸福、快乐的。只有活在当下，孩子们的幸福才不会打折。

先讲一个故事吧！有一个年轻人，长相英俊、潇洒，正是婚配的年龄。一次外出，途经一个农场，看到一个漂亮的女孩，心生爱意，发誓一定要将她娶回家。于是，他找到女孩的父亲，请求他把女儿嫁给自己。农场主上下打量了年轻人一番，沉吟片刻后，提出了一个要求："只要你能抓住一头牛的尾巴，我就把女儿许配给你。"

农场主把年轻人带进农场，先后放出了三头牛，开始的时候，年轻人满怀信心地站在牛栏前，可第一头牛跑出来后，年轻人不禁后退了几步。第一头牛无比健硕，年轻人心想：这头牛真健壮啊！万一抓不到怎么办？等下一头牛吧！接着，第二头牛也跑了出来，这头牛比第一头牛更加健壮，年轻人见这头牛两眼发光，狠狠地盯着自己，心生胆怯，不敢上前，心想，等第三头牛吧！眼看就剩最后一次机会了，年轻人暗暗发誓，一定要抓住这次机会。等到第三头牛出现的时候，年轻人总算松了口气，因为第三头牛非常瘦小，有气无力地跑到了年轻人身边。这一次，年轻人毫不犹豫地冲了过去，伸手去抓牛的尾巴，然而，当他转到牛的身后时，却发现，这头牛没有尾巴。

不要让孩子们成为那个年轻人，不要让孩子们因为没有珍惜当下而错过了幸福。人生太多的事情，一旦错过，就永远错过。所以活在"当下"，才是真正的幸福。

如今的社会，很多医院里年纪最小的颈椎病患者是在10岁以下，有些医院里的腰椎病患者竟然不满20岁，还有十几岁的孩子因为奔波忙碌得了肾病或者其他疾病。有一些成年人不仅自己过着"干得比牛多，睡得比狗晚，起得比鸡早"的日子，还要求孩子们"吃苦耐劳"。千万不要再"40岁以前用命换钱，40岁以后用钱换命"了，要知道，你这样的忙碌和紧张，会影响孩子们的幸福感，甚至影响他们对未来生活的美好期盼。

曾经看过这样一个故事，大致内容是，"我"陪同一家德资企业的代表Nina小姐去购物，她打算为她的三个非洲养女挑选圣诞礼物。走进一家珠宝店，Nina小姐相中一款价值18000元的羊脂玉项链，并准备买下来送给大女儿。那款项链确实不错，漂亮、圆润、有光泽、有质感。可是，如果买了项链，就没有足够的钱给另外两个女儿买礼物。这时，"我"向Nina小姐建议，不如为您的大女儿挑选另一款，跟这款项链的样式差不多，只不过略微小点儿，而且在打折区内，只需要6000元。如此一来，就有足够的钱为三个女儿都买到礼物。没想到，Nina小姐睁大了眼睛，不敢置信地说："哦，那孩子是那么可爱！我觉得，她非常值得拥有这样的一条项链。"

听到她这么说，"我"颇感意外。在大多数中国人的观念里，一般只有某件东西买得值不值，还没有听说过，某个人值不值得拥有某件东西，尤其是孩子。最后，Nina小姐还是买下了那条羊脂玉项链。

曾经有一个朋友，给孩子买了一双特别漂亮的靴子，据她说是花了很多钱请一个朋友从香港带回来的名牌靴子。她让孩子穿得很小心，也很仔细，若非重要场合，决不让孩子轻易上脚。只可惜，孩子的脚很快就长大了，靴子怎么也穿不上了。有一次，这位朋友带孩子一起参加聚会，她看到别的小女孩的脚上穿着与她女儿一样品牌的靴子，忍不住感叹："还没穿几回，就不能穿了，真可惜！"生活中有太多这样的例子，不让靴子服务于"当下"，非要天天束之高阁，最后就只能长久地束之高阁了。

诚然，过分追求奢侈的生活、挥霍无度是一种浪费，但我们也不能完全将孩子的生活打折。就算是要怀旧或者返璞归真，也没有必要弄得孩子像苦行僧一般。

其实，孩子想要的幸福没有我们想象中的那么遥不可及。看过《当幸福来敲门》那部电影的观众可能还记得，那个一贫如洗的爸爸如何照顾自己的孩子。没有房子，也可以不露宿街头；没有钱，也能靠自己的双手去挣；就算深陷困境，也能够让孩子感受到幸福。看过电影《美丽人生》的观众也一定会想起那个让自己的孩子在纳粹集中营里也感受不到血腥气息的爸爸……我们要让孩子幸福地活在当下，不管未来是金光灿灿还是暗淡无光，人生叵测，命运无常，教会孩子感受当下每一分每一秒的快乐，才是最真实的幸福。

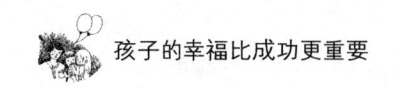

所谓"活在当下",就是让孩子们学会享受眼前的幸福。为了让孩子们更幸福,给忙碌的家长们提供这样几个建议:

1. 阳光和煦的日子,和孩子一起去野外吹吹风;

2. 下雪的日子,和孩子一起在雪地里打雪仗;

3. 陪孩子一起观察楼下花坛里的一只虫子;

4. 陪孩子以及邻居家的孩子一起跳皮筋、扔沙包、跳房子;

5. 带孩子一起打扫楼道和公共卫生区;

6. 晚上带着孩子到附近的广场,和其他人一起唱歌跳舞;

7. 给孩子和自己各买一盒冰激凌,一起边吃边看动画片;

8. 给孩子买一个毛绒玩具;

9. 买一份甜点,和孩子一起分享。

人生没有彩排,每一个场景都是现场直播,所以,孩子们最重要的幸福,就是珍惜当下。

第二节
生命是上苍最好的礼物

有本小说名叫《热爱生命》，作者是杰克·伦敦。这部曾经在欧美引起轰动，还受到列宁称赞的小说，以大无畏的浪漫冒险主义笔调，向读者传递了一种"要活下去"的坚定信念。在小说中，杰克·伦敦以平静的口吻叙述了一个与死亡抗争的故事，故事情节惊心动魄。这本小说像一面旗帜，上面赫然写着"生命是上苍最好的礼物"！所以，幸福是什么？幸福就是——精精神神地活着。

谁都曾经消沉过，谁都曾经低迷过。孩子也会遇到困难，遇到难题，遇到坎坷，然而最重要的并不是如何解决这些问题，而是如何在遭遇这些问题的同时依旧爱护自己的生命，健康积极地生活。

生命很脆弱，就好像在地震面前，健康的生命和病入膏肓的躯体一样不堪一击。那么，如果世界即将毁灭，地球只剩下最后 24 小时，此刻孩子们该做什么呢？你又将如何引导孩子去面对这最后的 24 小时呢？

相信不少成年人都想到过这个问题，人生无常，没有预兆，没有理由，由不得你准备，更不可能重来。所以，这个问题的标准答案只有一个，既然上苍给予你生命，那么你就要珍惜生命、开心生活，即便生命只剩下最后24小时，也要笑对每一分每一秒。这才是我们真正应该教会孩子的幸福法则。

我之前看过一部日本电影，名字叫作《死亡的精度》，这部影片深入探讨了活着和死亡的问题。在电影里，主人公对死神说："因为你没有看到人如何活着，所以你不懂人生。活着没什么特别，但很重要。生命没什么特别，但很重要。就和太阳没有什么特别，但是非常重要是一样的道理。"是啊！我们每个人都不是最特别的那个，但是我们每个人对于自己都是很重要的。所以，既然拥有了生命，就尽量把自己很重要的人生过得幸福，让生命绽放出绚丽的花朵。每个孩子都是一个花朵，不管成绩如何，高矮如何，胖瘦如何，容貌如何，都是这个世界上独一无二的花朵，都是美丽而灿烂的生命。

米奇·阿尔博姆是美国著名的作家和广播电视主持人，他的小说《你在天堂里遇见的五个人》在全球热销了近500万册，他的成名作是《相约星期二》。在米奇·阿尔博姆大学毕业15年后的一天，偶然得知大学里的恩师莫里教授罹患肌萎缩侧索硬化，和当代杰出的理论物理学家斯蒂芬·霍金的病情相似。这时，老教授所表现出的，不是对生命即将离去的恐惧，而是希望把自己多年来思考的一些东西告诉更多的人。于是米奇·阿尔博姆在每个星期二，都要飞越1100多公里去老教授那里上课，后来便有了那本畅销世界的《相约星期二》。14个星期里，他们聊到了人生的许多话题，比如事业、理想、求学、情感等。第四个星期二，他们聊到活着和死亡。

"一旦你学会了怎样去死，你也就学会了怎样去活。"莫里教授这样说，"意识到自己会死，并时刻做好准备。这样做会更有帮助。你活着的时候就会更珍惜生活。"这是《相约星期二》里最发人深思的一段话。没错，人总是要死的，但这不应该成为我们浑浑噩噩活在世上的理由。莫里教授每天醒来，会为自己可悲的命运与痛苦的疾病哀怨一下，偶尔还会大哭一场。之后，他就会去想生活中美好的东西。

人生如果是一出戏，那幸福的人生一定是一出喜剧。孩子们在成长过程中，会逐渐认识到"生死"两个字，他们也许会经历亲人的亡故，也许会经历身体的病痛，也许会看到他人的病痛，也许会看到马路上的车祸，也许会看到电视剧里的生离死别。最终他们需要明白，上苍赐给我们生命，就是要让我们幸福地活着。有一首歌就叫《好好活着》，歌词大概是这样的:"过着平平常常简简单单的生活,笑看名利追逐和诱惑。啊!命运对每个人都很公平,就看你怎样去选择……啊!生命属于我们只有一次,任何机会要用心把握。好好活着,别自寻烦恼,天大的事儿想开了,也没什么;好好活着,珍惜每一刻,千金难买健康幸福和快乐……好好活着,路就在脚下,从容地走过所有坎坷;好好活着,过好每一天,活一回不容易,知足常乐。"

每个生命都是如此的短暂,死亡是每个人的终点,我们明知道短暂的绚烂过后是无尽长夜,为何不尽情地享受阳光,挥霍色彩呢?生命值得我们为之快乐,快乐是我们活着的证据。可能有些家长会认为,这些话对孩子们来说还有些沉重,他们也许听不懂,然而事实上,孩子们比我们想象中懂事得多,我们所谓的"不懂事",不过是我们给孩子们贴的标签而已。难道孩子们看到电视剧里的生离死别没有感触吗?难道孩子们看到亲人的亡故不会落泪吗?不,感恩教育是必须的,对死亡的理解也是需要教授的。

关于生命,作家史铁生或许是很有发言权的。他体会了太多的内心苦痛,他甚至一度灰心地想过死亡。庆幸的是他撑过来了,写作让他找到了出口,让他体会到了生命的珍贵,每个人一辈子只能活一次,能活着已经是上苍最好的赏赐了。引导孩子们开开心心地活着,就是对生命最大的感恩。

第三节
教孩子放下肩上的包袱，单纯地活着

中国春秋末期的思想家和教育家孔子说："一箪食，一瓢饮，在陋巷。人不堪其忧，回也不改其乐。"意思就是人要以德为乐，不要以物质享受的多寡来衡量苦乐，要追求精神上的完成和满足。明朝才子唐伯虎也曾说过："闲来写就青山卖，不使人间造孽钱。"俄国著名剧作家、寓言家克雷洛夫也曾经说过："贪心的人想把什么都弄到手，结果什么都失掉了。"而在俄国著名文学家、诗人普希金的作品《叶甫盖尼·奥涅金》中，主人公有这样一句话："我现在的理想是有位女主人，我的愿望是安静，再加一锅菜汤，锅大就行。"所以，真正的幸福，尤其是孩子的幸福，其实很单纯，就像放羊娃的幸福一样简单。

很多年前，一名记者采访了一个放羊娃。

记者问放羊娃：你长大了干什么？

放羊娃回答：放羊。

记者接着问：放羊干什么？

放羊娃回答：挣钱娶婆姨。

记者又问：娶婆姨干什么？

放羊娃回答：生孩子。

记者追问：生孩子干什么？

放羊娃最后回答：替我放羊。

不要嘲笑放羊娃胸无大志，其实，每个孩子的幸福都一样简单。别说什么宏图大志，别说什么搏击长空，更别说什么笑傲江湖。再雄伟的人生梦想，最终还是要回归幸福，这种幸福，不是高处不胜寒的清冷，不是笑傲天涯的孤独，而是内心的满足。

放羊娃的故事其实揭示了人生的整个过程，起点就是终点，终点也是起点，反反复复，周而复始，这就是人生的"轮回"。人的生命只有一次，帮助孩子们放下肩上的包袱，去寻找简单的幸福吧，不要让他们一直忙碌，没有时间感受童真的幸福。

在经典电影《肖申克的救赎》中，有这样一段脍炙人口的台词："每个人都是自己的上帝。如果你自己都放弃自己了，还有谁会救你？每个人都在忙，有的忙着生，有的忙着死。忙着追名逐利的你，忙着柴米油盐的你，停下来想一秒：你的上帝究竟在哪里？"

所以，给孩子的心灵松绑，帮他们放下肩上的包袱。带孩子们去逛街、吃小吃、看电影、去游乐场；送给女儿花裙子，带儿子到楼顶上看星星；带孩子坐火车去旅行，看美丽的风景；带孩子一起去野外搭帐篷，在有风的夜晚，地做床，天做被，任凭孩子喊叫和嬉闹。幸福就是这么简单，从现在开始，让孩子们单纯地活着！

第四节
欲望越少，幸福越多

人类生活在世间，憧憬着幸福，经受着苦难。美国经济学家P. 萨缪尔森曾经提出过一个幸福方程式：效用/欲望＝幸福指数。欲望是分母，欲望越多，幸福就越少，这个幸福方程式对孩子们一样适用。

身陷欲望的人，终究会被欲望牵绊、劳累，甚至为之沉沦。也许有些人一辈子都不明白，自己的不幸来源于欲望。

对于每个人来说，最珍贵的，不是金钱，不是功名，而是自己的那颗心。除非你能舍弃欲望，让心灵轻盈透彻，幸福才会降临。

人生就像一场背负着行囊的旅程，行囊里装满了亲情、友情和爱情，塞满了金钱、地位和荣誉，还填充着苦难、悲伤和幸福。这些东西，陪伴着我们从人生的起点走到人生的终点。开始的时候，每个人都是孩子，都是一张白纸，但等到达终点的时候，有些纸张变得五光十色、色彩斑斓，而有些纸张却暗淡发黄，甚至污渍点点不堪入目。我们不仅要让孩子们放下肩头的包袱，单纯地活着，还要让他们在起程之后，放下欲望，始终保持单纯的幸福。

欲望如果超过了适当的尺度，就成了人生的陷阱，让人们看不清生活，看不清自己。孩子也一样，一旦被那些有关名利、成绩、未来、面子的欲望绑架，就会看不清自己内心真正的向往，更辨不清到底什么才是自己真正想要的，什么才能够真正让自己感受到幸福。

有句话说，人生最大的幸福是放下。人生在世，的确需要一些拿得起的勇气和放得下的度量。让我们帮助孩子消除自己不当的欲望吧！对人生道路上的鲜花、掌声等闲视之，对坎坷和泥泞坦然接受，只有这样，孩子才会拥有真正的幸福。

第五节
教孩子学会吸引幸福

关于日本昔日最大的零售集团八佰伴的总裁和田一夫的故事很多人都读过。八佰伴倒闭时，和田一夫已经72岁。和田一夫从一个国际知名企业家一夜之间变成一文不值的穷光蛋，很多人认为他撑不过这次劫难。但是和田一夫撑过来了，他只是短暂地用泪水送走了自己的悲伤，然后就笑着告诉自己：我还活着，还可以东山再起。很快，他和几个年轻人办起了一家网络咨询方面的小公司。他说，感谢失败，如果不是失败，他就不可能有机会在70多岁的时候体验什么叫作东山再起，更没有机会和年轻人一起挑战过去从未接触过的新领域。

和田一夫为什么没有被失败击垮？他有秘诀吗？有！他有两大秘诀：一个是光明日记，另一个是快乐例会。

和田一夫从20岁开始，坚持每天写一篇日记，只记录快乐的事情，相信人生总是朝着好的方向发展，他把这种日记称为"光明日记"。

与此同时，他在创办企业包括后来东山再起期间，每个月都要召开一次例会，在谈工作前，他要求每个与会者用3分钟的时间谈一下自己本月最快乐的事情，以此调动大家的情绪，使一些情绪低落者受到感染，从而振奋精神。这种例会，他称之为"快乐例会"。

在我们身边，也有很多人写日记，不过大都把写日记当作一个发泄的渠道，一个情绪的出口，很少有人会写"光明日记"，记录幸福。事实上，不管命运怎么捉弄人，也要学会"笑着哭"，"笑着哭"的人永远不会被打倒，因为笑对明天，是重新站起来的法宝。要引导孩子们做一个习惯于感受幸福的人，而不是一个习惯于感受不幸的人。

神话学大师乔瑟夫·坎伯曾经说："跟从你的幸福直觉吧！宇宙会在只有墙的密室里为你打开一扇门。"这句话听起来很玄妙，但事在人为。一个习惯于感受幸福的人，一个用幸福的想法去创造未来的人，的确可以吸引幸福从天而降。这不是神话，也不是迷信，这是因为如果将所有的注意力都集中在幸福的事情上，微小的幸福就会被不断放大，不断推动，最终积累成巨大的幸福。

有一个叫詹姆斯的人，开了一家餐厅。有一次，他不小心忘记关餐厅的后门，结果第二天早上，闯进来3个武装歹徒，威胁詹姆斯打开保险箱，最后，歹徒朝詹姆斯开了枪，詹姆斯当场倒地。幸运的是，詹姆斯被邻居及时发现，很快送到了医院。经过18个小时的手术，詹姆斯脱离了危险，虽然还有块弹片留在他的身体里，但从医学角度讲，他能挺过18个小时的手术，活着走下手术台，本身就是一个奇迹。

从医学角度讲，詹姆斯的枪伤，足以让他迅速死亡，然而，詹姆斯却依靠顽强的意志力，挽救了自己的生命。詹姆斯被击中后，一动不动地躺在地板上，当时他意识尚存，他面临的只有两个选择，一是绝望地等待死亡，二是坚定地等待救助，显然詹姆斯选择了后者。

在医护人员到来后，詹姆斯的意识已经有些模糊，但他还是从医生和护士凝重的神情中，读出了他们想说的话："这个人快不行了！"于是，他决定为拯救自己的生命做点什么。

于是，当护士在输液前用震耳欲聋的声音问詹姆斯"你是否对什么药物过敏"的时候，詹姆斯用尽所有力量回答："有。"医生和护士一下子都停了下来，他们在等待詹姆斯人生的最后一句话，詹姆斯艰难地吸了一口气，大声说："子弹！"医生和护士都笑了，他们不再把詹姆斯当作一个快要断气的人，而是积极地治疗起来。

詹姆斯能活下来，当然有赖于医生精湛的医术，但是，他令人惊异的自救态度，也起到了巨大的作用。只有相信自己能活下去，才会有活下去的希望；只有相信自己会幸福，才能吸引幸福；只有吸引了幸福，才能够获得真正的幸福！

现在，就让我们和孩子们一起，来学习如何吸引幸福：

首先，闭上双眼，持续几分钟，想象自己已经拥有了想要的幸福。

然后，沉浸在已经拥有了这种幸福的情绪之中。

接下来，睁开眼睛，拿一张纸，在纸上画出自己想要的幸福，或者用语言描绘出自己想要的幸福。

最后，把这张纸贴在书桌前，每天都认真看一看，并且告诉自己：我正在靠近这份幸福。

好了，相信孩子们从现在开始，已经变成了一个吸引幸福的人！

第六节
幸福就像狗尾巴

有一天，小狗问它的妈妈：妈妈，幸福到底是什么？它到底在什么地方呀？

妈妈说：幸福啊，它不就在你的尾巴上吗？

小狗高兴极了，就追着自己的尾巴打转转，它想要咬住幸福，可是直到累得快趴下了，却怎么也追不到幸福。

小狗很沮丧：妈妈，我为什么就追不到自己的幸福呢？

妈妈笑着说：只要你一直往前走，不回头，幸福就会一直跟在你的身后。

几乎每一条狗在小的时候，都会追着自己的尾巴打转转，而我们每个人在小时候，也都在执着地问自己：幸福在哪里？

有首歌曲，脍炙人口，名字就叫作《幸福在哪里》，现在想起来真的是对幸福最好的诠释。

"幸福在哪里，朋友啊告诉你，它不在柳荫下，也不在温室里，它在辛勤的工作中，它在艰苦的劳动里，啊，幸福就在你晶莹的汗水里。幸福在哪里，朋友啊告诉你，它不在月光下，也不在睡梦里，它在辛勤的耕耘中，它在知识的宝库里，啊，幸福就在你闪光的智慧里。"

这首歌的歌词直白浅显，却道出了幸福的真实来源。为什么科技发达了，物质水平提高了，而我们的幸福感却下降了？原因就在这首歌里。

相信大家都有这样的体会，在从事了一天的体力劳动之后，晚上睡得特别甜；在饿了一天之后，吃饭特别香。而现代科技的发达，让孩子们少了很多参加劳动的机会，多了很多冬暖夏凉的享受；当下物质水平的提高，让孩子们不再满足于吃饱喝足。于是，孩子们就少了很多感知幸福的机会，甚至忘了，幸福就像狗尾巴，一直跟在身后。

曾经，笔者有一个大学生朋友，在与之交往的半年多时间里，他屡屡向笔者抱怨生活。

认识这个朋友的时候，他刚上大学，正跟一个女同学交往。他抱怨最多的就是与女孩太难相处。紧接着他开始抱怨自己要读4年大学，可他的姐夫连高中都没读完，却组建了一个小小的装修队，并且赚了不少钱，以至于他的父母经常对他说要向他姐夫一样努力。

紧接着，一段和幸福有关的故事隆重上演。

为了幸福，他和女友分了手，说那个女孩不会体贴人、不会照顾人等这样或那样的问题。为了幸福，他寒假出去打工，却和老板争吵，因为他拒绝去他认为太差的环境里上班，认为老板开出的工资是压榨劳动力。可在家里窝了一周后，他又感觉无聊，又希望老板同意他重新回去工作。紧接着，他又要求老板涨薪，老板许诺如果他整个寒假安心工作，就给他奖金。

下面的事情就更有意思了，他竟然开始公然在办公室里"享受"人生，每天把脚翘在办公桌上，在办公室里悠然自得地上网看电影。月底发工资的时候，他气愤地跳着骂老板，说老板没有兑现承诺，不但没有给他涨薪，还给他降薪。

这个大学生朋友，一直觉得自己不幸福，一直觉得社会不公平，一直觉得自己的人生不顺利。再后来，这个大学生朋友上到大三就开始出现心理焦虑，他不仅感觉不到幸福，就连正常的心态都很难保持了。

那么，他为什么感觉不到幸福，陷入了对生活的焦虑之中呢？

时代发展了，社会进步了，物质水平提高了，那人们的幸福呢？是不是也应该更多了呢？有了火车，朝发夕至，免了鞍马劳顿之苦，快捷安全，应该感到更加幸福；有了手机，我们可以随时沟通，随时联系到想联系的人，应该感到更加幸福；可为什么孩子们会习以为常，并不以为拥有这些就是幸福呢？就是因为他们从未体验过失去这些便利条件的感觉。

从小生活在苦难里的孩子，就很容易满足，也很容易明白努力生活的重要性，为什么？就是因为他们觉得幸福来之不易，因此要珍惜。当然，现在越来越多的家长特意让孩子去"体验生活"，比如去乡村学校过一天，比如去体验农家采摘的艰辛。然而这些体验并不是真正的"生活"，对于生活在幸福之中的孩子们而言，这不过是一场别开生面的趣味活动而已。他们又如何能感受到农夫日复一日劳作的辛苦，如何真正体会到在四面漏风漏雨的教室里读书的感受呢？

穿着带补丁的裤子，每天上下学自己走路回家的孩子，一定会珍惜漂亮的新衣服，一定不会因为某一天父母没有时间接自己下学，必须走路回家而感到不开心。家庭条件差，连上学的学费都要东拼西凑的孩子，大都知道勤奋努力地读书。现在很多教育家都在提倡"延迟满足"，就是对于孩子提出的要求，不要迅速满足，要给予拖延，这样他们在达到愿望时才会有满足感。事实上，要想让孩子感受到幸福，就不能给予他们太多、太及时。相反，如果给孩子的太多，他们就会丧失感受幸福的能力，如同上文中的那个大学生朋友。

幸福就像狗尾巴，一直都在我们身后。

曾经和一位朋友聊天，她说自己童年时最幸福的事情，就发生在爸爸生病住院的那段时间里。那段时间每天早晨，她的妈妈都会给她1元钱，让她去买一根鱼肉肠。买回来之后，一家三口分着吃一根鱼肉肠，仿佛那是世界上最好吃的美味。

小时候，她家里穷，连学费都是母亲到处筹借的，于是她总是希望能够成绩好一点，不要辜负母亲拉下面子到处借钱的艰辛。

现在的孩子已经没有了那些感触，他们有太多的玩具和各种各样的零食，丰富的食品和穿不完的衣服，几十年前的孩子，一个布娃娃、一个坦克玩具，一个馒头撒上白糖、一件妈妈的旧衣服改成的裙子，就是幸福。然而现在的孩子，新衣服常常有，玩具堆成山，零食天天吃，所以他们能够感知的幸福已经不多了，如同那个大学生朋友，一直在为未来如何赚到更多的钱而焦灼，何时可以买房买车，想要的越多越感受不到幸福。

问大家一个问题：世界上最幸福的国家是哪个国家？

世界上最幸福的国家是丹麦。丹麦是个小国，但是秩序井然，人们的贫富差距不大，欲求不多，他们过得很安逸，在国际调查组织关于"幸福"的调查项目中，名列第一。

所以，幸福跟挣多少钱、拥有多少财富并没有太紧密的联系，真正联系密切的，是你的心灵，幸福在于你的心灵能够感受到多少安逸与快乐、美满与关爱。

幸福是一种感觉，它不是物品也不是文化，不可以直观到视觉化、听觉化。幸福是一种能量，流淌在每一个生命里。幸福一直都在，如同道路一样，幸福不是终点站，幸福一直在路的两旁。幸福就像狗尾巴，一直跟随在身后，静下心来，回头去看，就能看到幸福。

别再忽略幸福的存在，别再只想着那个遥远的目标，别把幸福的狗尾巴遗忘了。

幸福就是人生，人生就是幸福。

我们爱幸福，幸福爱我们。

第三章 家长如何让孩子学会感受幸福

第一节
如何提高孩子的幸福感

相信很多人有过这样的经历：当感到心情愉快、幸福快乐的时候，步伐会轻松，身体会舒适；当感到内心沉重、苦闷不已的时候，身体不但会觉得不适，甚至还会生出胃疼、头疼之类的问题来。没错，幸福是跟身体有关的，幸福的的确确会在身体感应方面表现出来。

前几年有一本书，叫作《脑内革命》，是日本医学博士春山茂雄的作品，他在这本书里提到："人的心灵由大脑里的脑干、大脑边缘系统和大脑皮质组成。其中有一种神经，当受到外界刺激的时候，会使人产生快感。"没错，我们的身体，是会分泌快乐素的，这种快乐素就是多巴胺，同时还会产生一种叫内啡肽的物质。多巴胺和内啡肽的作用类似吗啡，可以减轻痛楚，增加快感。

多巴胺和内啡肽就是我们的幸福素。

有些医学常识，或者经历过一些病痛的人都知道，疼痛是可以抑制的。

比如拔牙时，如果你紧张不已，内心恐惧，即便是打了麻药，你也会感到异常的不适。再比如头疼，很多有过头疼经历的人都知道，情绪是引发头疼的重要原因，紧张、恐惧、愤怒和焦躁，都会引发头疼。

越是生病，越要冷静、安静，生命是自己的，得为自己的健康负责，所以一定要学会掌控自己的幸福密码。

《百家讲坛》曾经邀请著名作家毕淑敏讲过20堂关于如何破解幸福密码的讲座，作为一名医生出身的作家，毕淑敏从医学角度讲道，让我们能够持续地感知幸福的东西，就是我们自产自销的内啡肽。

内啡肽是什么？它是脑垂体分泌的类吗啡生物化学合成物激素，它可以对抗疼痛，缓解焦虑，让人快乐和兴奋，让人安宁和心满意足，甚至能稀释人类对于死亡的恐惧。而且内啡肽不仅存在于人体中，还存在于动物的身体里。

早在1975年，苏格兰的约翰·休斯和汉斯·科斯特利兹，就从猪脑中发现了 α、β 及 γ 三种脑内啡肽，而同一时间，美国研究人员在牛脑中也发现了脑内啡肽。这些能参与情绪调节的激素，是机体抗痛系统的重要组成部分。

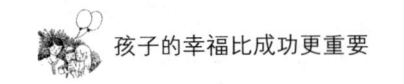

所以，我们是可以掌控幸福的。我们要先学会如何掌控幸福的密码——多巴胺和内啡肽。

无论外界发生了什么事情，无论生活中发生了什么事情，无论自身发生了什么事情，我们都可以先要求自己的身体分泌幸福的激素，这样，我们就会神清气爽，也就拥有了足以应对一切的从容和力量。所以，使孩子们感受到幸福的最重要的方法之一，就是教孩子们学会控制身体的幸福密码。

没有一本书教授我们如何掌控幸福的激素，连作家毕淑敏也没有告诉我们如何去控制自己的内啡肽，于是，笔者根据自己多年来的亲身体验，总结了以下几点，相信如果亲爱的读者能够尝试着去做一做，内心一定会感觉到些许的轻松和幸福。

第一点，闭上眼睛，缓慢地深呼吸。

不管你身边发生了什么，哪怕有人近在眼前，都不会妨碍你做几次深呼吸。哪怕对方着急跟你说话，你都可以无视他的存在，先闭上眼睛，做几次深呼吸。

第二点，嘴角上翘，告诉自己一切都会好起来。

不要小看嘴角上翘这个动作，它可以带动我们的内心走向平静，走向安宁。告诉自己一切都会好起来！这不是安慰自己的话，这是事实，哪怕是风口浪尖，走过了，再回头看，也不过如此。

第三点，晃动身体，如果可以的话，像拳击手那样蹦两下，比画两下。

让我们保持运动的习惯,即便再糟糕的境遇,也一样充满斗志,即便是最沮丧的时候,也强迫自己像拳击手那样蹦两下,比画两下,像运动员一样跑几圈。这样有利于重拾信心,找回幸福感。

做完这三点,相信我们能够感受到身体状态和心理状态的变化,如果能够找到测量多巴胺和内啡肽的仪器,相信此时的幸福能量肯定会有所提高。

第二节
教孩子学会衡量幸福

在教孩子学会掌控自己的幸福密码之后,就该教孩子们学着去衡量自己的幸福。

那么,究竟该如何衡量幸福呢?

从心理上讲,幸福是一种心理体验,是人们对自我生活的一种主观判断;从生理上讲,幸福是一种生理体验,是幸福能量对身心的一种辐射作用。人们对自我幸福的评价,体现了人们对生活的满意度。早在30多年前,有一个叫作不丹的南亚小国,提出了一个概念,叫"幸福指数"。在这30多年里,不丹的人均GDP一直在700美元上下。然而这30多年来,看似贫穷的小国不丹,却一直被评为最幸福的国家之一,因为它的幸福指数一直居高不下,也因此受到了世界的关注,不丹的国家制度和国民生活,被称为"不丹模式"。

近年来,世界许多发达国家都开始研究幸福指数,并创建了不同模式的幸福指数。对孩子而言，要想更深切地感受到幸福，建议孩子学着创建自己的幸福指数。

在前文中，笔者曾引用美国经济学家 P. 萨缪尔森提出的幸福方程式，即：效用 / 欲望 = 幸福指数，以此来说明欲望越多，幸福越少。这个方程式中的幸福指数，正是我们借以衡量幸福的标准之一。

根据马斯洛需求理论，人类的欲望分为五个层次，从下到上分别为：人的基本生理需求、安全需求、归属和爱的需求、尊重的需求和自我实现的需求。而效用则是指人类从消费物品中得到的满足程度，即对欲望的满足。在这个幸福方程式中，如果效用 / 欲望 > 1，那么幸福感相对来说比较高；如果效用 / 欲望 = 1，那么生活相对比较幸福；如果效用 / 欲望 < 1，那么你的幸福感就有待提高了。

那么读者一定会问：孩子的效用和欲望，该如何量化呢？

最简单的量化标准就是让孩子给自己的生活必需品打分，这个生活必需品，大到对住的房子的满意度、对学校的满意度、对同学的满意度、对自己成绩的满意度，小到对自己的文具盒、水杯、日用品的满意度。物质上包括对吃、穿、住、行的满意度，精神上包括对亲情、友情的满意度。

比如，你给孩子买了一个漂亮的新水杯，孩子对这个水杯非常满意，就给这个水杯打 5 分；如果不太满意，就给这个水杯打 3 分；如果很不满意，就给这个水杯打 1 分。然后，再给自己对水杯的欲望打分。如果孩子觉得这个水杯比原本想要的水杯还要好，那么，就给自己的欲望打 3 分；如果孩子觉得这个水杯就是原本想要的水杯，就给自己的欲望打 5 分；如果孩子觉得这个水杯根本就不能满足自己对水杯的需要，就给自己的欲望打 8 分。然后，用效用/欲望，得分就是这个水杯带给孩子的幸福程度。

孩子的幸福指数，就是所有这些生活必需品带给孩子的幸福指数的平均值。

这个平均值，是绝对的整体的平均值，某一种生活必需品的分值高低，并不会严重影响整体的幸福感。所以，成年人日常惯用的衡量幸福的标准，比如收入的多少、财富的多寡，并不能真正代表孩子幸福指数的高低。比如家长收入的多少，并不是孩子幸福感的来源，事实上也并不是成年人幸福感的来源。哈佛大学著名心理学家丹尼尔·吉尔伯特曾经这样说："只有当财富将人从悲惨穷困的旋涡中拉出来，并使之成为中产阶层的时候，人们的幸福感才会有所增加。在那之后，财富的增加所带来的幸福感便会逐渐变弱、减少。"英国大哲学家罗素也曾经这样说过："乞丐永远不会嫉妒百万富翁，他们的嫉妒对象只是乞丐，是那些比自己乞讨到更多钱的乞丐。"幸福有自己的"不丹模式"，10 年前你所向往的幸福，放到 10 年后，也许就算不上幸福了；不同生活背景、不同生活方式、不同生活圈子的人的幸福，截然不同。那么衡量孩子的幸福，更是不能流于世俗，一定要创建孩子自己的幸福指数，打造属于孩子的"不丹模式"。

孩子的"不丹模式"就是一些微幸福，组成了那个大于 1 的幸福指数。

就是这些微幸福，构成了孩子们的幸福，提高了孩子们的幸福指数。

第三节
孩子幸福的开关在家长身上

学会了衡量幸福，那么孩子们怎样才能获得幸福呢？是否每个孩子都可以拥有一个哆啦A梦的口袋，想要幸福的时候，伸手就可以得到？其实，幸福距离孩子并不遥远，孩子幸福的开关，就在每个家长身上。

现代心理学三大奠基人之一阿德勒说过一句至理名言："幸运的人一生都被童年治愈，不幸的人一生都在治愈童年。"所以孩子幸福的开关在家长身上，家长赋予孩子的童年，是孩子一生的导向，或者是孩子一生的幸福明灯，或者是孩子一生要修补和治愈的那盏心灵之灯。

家长的思维模式和生活方式，影响着孩子的幸福。

先说说第一种影响因素：思维模式。

下面两组词语分别代表两种截然不同的思维模式。

知足、自满、保守、怯懦、懒惰、孤僻、自大、狭隘、自

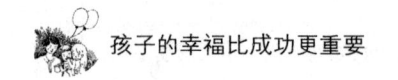

私、骄傲、狂妄、消极。

积极、乐观、自信、勤奋、诚实、守信、灵活、坚定、谦虚、谨慎、开朗、善良。

第一组词语，代表了某些成年人的病态思维，这些思维会自动关闭自己和孩子的幸福开关，让孩子感觉不到幸福。

第二组词语，代表了大多数成年人的健康思维，这些思维会自动开启自己和孩子的幸福开关，从而让孩子拥有幸福。

家长的思维模式对孩子幸福的影响作用，绝不是唯心主义，每个人的思维模式都会投射在现实生活中。如果你是一个积极的人，就更容易发现孩子积极的一面；如果你是一个诚实的人，就更容易看到孩子诚实的一面；如果你是一个自私的人，就更容易看到孩子自私的一面。所以，你的思维模式和因此形成的言行都会影响孩子。

英国沃里克大学的研究人员曾经做过这样一个实验，随机选择1000人，对其中一部分人进行为期4个月的心理辅导，对另外一部分人不做心理辅导。随后，长期跟踪被实验者的心理健康状况和生活状况。结果证明，经过4个月心理辅导的那部分被实验者，快乐程度显著提升。研究人员还发现，不接受心理辅导的被实验者，只有在收入增加2.5万英镑后，其快乐提升度才与接受心理辅导的被实验者的快乐提升度持平。而事实上，4个月的心理辅导，成本不过800英镑。而且，4个月的心理辅导所带来的快乐，是持久的；收入增加2.5万英镑带来的快乐，却是一时的。这个实验的结果足以充分证明，健康的思维模式所带来的心理健康，可以开启内心的幸福。

所以，家长拥有健康的思维模式就等于打开了孩子幸福的开关。

再说说第二种影响因素：生活方式。

当下，人们的生活节奏越来越快，人们的生活方式也越来越多样化，快餐式生活、宅生活、网络生活，这些生活方式看起来另类新鲜，这些群体看起来前卫时髦，事实上，却是不健康、不正确的生活方式。如果家长的生活方式不健康，必然影响孩子的健康乃至幸福。比如家长经常点外卖快餐，孩子肯定也经常吃外卖快餐，那么时间久了孩子就有可能营养不良。如果家长太忙，经常用方便面当主食，那么时间久了这种不良的生活方式就可能关闭孩子的幸福明灯。

快餐式生活会伤害孩子的胃，晚睡的生活习惯会伤害孩子的睡眠，添加了各式各样防腐剂的零食会损害孩子的身体健康，不爱活动的家长也很难培养出运动场上蓬勃朝气的孩子，天天沉迷于网络的家长也很容易造就沉溺于电子产品的孩子。

那么，如何恢复健康的生活方式，重新开启孩子们身体上的幸福开关呢？

回归自然，回归简单，锻炼身体，吃好睡好。

从现在开始，家长和孩子们一起，每天早上早起，晚上早睡，过简单的生活，吃健康的食物。

就现在，和孩子一起列一个时间表吧！从此开始健康的生活。例如：

健康生活时间表

早上

6点到6点20分　起床、刷牙、洗脸、梳头

6点20分到6点50分　跑步

6点50分到7点20分　吃早餐

7点20分到7点半　整理好书包，准备去上学

7点半　送孩子去上学

平时　不喝饮料，少吃外卖，少吃垃圾食品

下午

4点半到5点半　孩子下学，室外活动1小时（下学时间如有变化，适当增加或缩减各项安排的时长）

5点半到6点半　带孩子回家

6点半到7点半　听轻柔的音乐，比如《二泉映月》《高山流水》，在饭桌前吃晚饭

晚上

7点半到8点半　陪孩子学习或写作业

8点半　收拾书本、课桌

9点　和孩子一起洗漱

9点半　和孩子一起上床睡觉，给孩子读睡前故事

以上生活时间表供家长朋友参考。

第四节
培养孩子感受幸福的方法之一：忘记障碍

这些年，有关孩子的情商教育大行其道，所谓"情商"，即一个人的情绪智力，指一个人在情绪、情感、意志、耐受挫折等方面的品质，是相对智商而言的一个概念。情商主要包括了解自身情绪、管理情绪、自我激励、识别他人情绪、处理人际关系等五个方面的内容。笔者不想把这本书变成教科书，所以，关于情商的起源、计算和概念，就不再赘述，这里，着重就如何培养孩子感受幸福的情商展开陈述。

情商和智商不同，智商由天赋而定，情商靠后天培养。之所以这些年人们越来越注意孩子情商的培养，就是因为实践证明，一个人是否能够取得成功，不仅与他的智商有关，还与他的情商有很大的关系。而我们这本书的主题是"孩子的幸福比成功更重要"，那么要让孩子感受到幸福，也一定要提高孩子的情商。事实上，很多时候，情商对于我们感受幸福、取得成功的推动作用，远远要超过智商。如同并不是智商高就能够幸福，成功了就能够幸福一样，并不是智商高的人就拥有更高的感受幸福的情商，也并不是成功的人就拥有更高的感受幸福的情商。感受幸福的情商需要不断培养，它是一种独特的能力，与是否成功关系不大。

曾经写过动人诗篇《面朝大海，春暖花开》的当代著名诗人海子，最终在山海关附近卧轨自杀，他离开人世的时候才25岁，青春透明如醇酒，却就此人去楼空；曾写下"黑夜给了我黑色的眼睛，／我却用它寻找光明"的当代浪漫主义诗人顾城，最终也以自杀的方式结束了自己的生命，他离开人世的时候也不过37岁；影响了整整一代人的台湾作家三毛，一样死于自杀；再比如，日本作家，著名短篇小说《罗生门》的作者芥川龙之介；被称为"日本的海明威"的著名作家三岛由纪夫；诺贝尔文学奖得主，日本著名作家川端康成；被称为20世纪最著名的小说家之一，诺贝尔文学奖获得者，美国作家海明威；著名艺人张国荣；曾经红极一时的电视剧《射雕英雄传》中"黄蓉"的扮演者翁美玲……太多太多的成功者都死于自杀。他们为什么要自杀呢？简单说来，原因只有一个，那就是，感受不到幸福！可见，培养感受幸福的情商是多么的重要，无论得到多少财富和荣耀，如果缺乏感受幸福的情商，所有的收获都可能被抛弃，甚至生命，因为，感受不到幸福！

亲爱的读者，您是不是要问，既然感受幸福的情商这么重要，那么如何培养孩子感受幸福的情商呢？让我们从一个有趣的心理测试开始，学习培养孩子感受幸福的情商的方法。

有心理学家曾经做过这样一个心理测试，请一些被测试者，站在一间屋子的门外，然后在打开屋门之前，告诉所有的测试者，屋子里有一条布置着桌椅等许多障碍物的通道，测试项目就是穿过通道，抵达屋子的另一端。第一次测试时，在进入屋子前，心理学家将所有的被测试者的眼睛都用布蒙了起来，然后让他们摸索着推门进入房间。然而结果却很乐观，虽然大家的眼睛被蒙上了，什么也看不见，穿过通道时难免磕磕碰碰，但所有的被测试者都成功地抵达了屋子的另一端。第二次测试时，所有的被测试者在进入测试房间前，依旧被蒙上了眼睛，不过心理学家做了一个提示，他请大家回想一下，上一次通过通道时，桌椅等障碍物的摆放位置，这一次要尽可能地快速穿过通道。然而，结果非常有趣，这一次，每一个被测试者都花费了比第一次更长的时间，摸索着走了更多的道路，才穿过了通道，甚至有几个被测试者迷失了方向，绕回到了通道的入口处。为什么结果如此不同呢？因为心理学家在第二次测试前，搬走了通道上所有的障碍物，也就是说，屋子里的那个通道，已经畅通无阻了，可被蒙上了眼睛的被测试者们，却因为摸索不到记忆里的障碍物，畏手畏脚不敢前进，甚至迷失方向，绕回到原点。

为什么同样是蒙上眼睛，没有了障碍物，反而更加难以通行呢？因为第一次通过时，障碍物虽然摆在那里，但被测试者事前并不知道那些障碍物的具体位置，也就无所畏惧，只管往前走。第二次通过时，障碍物虽然被撤掉了，但被测试者的心里有了障碍物。所以，第一次，被测试者穿越的是现实中的障碍；而第二次，他们穿越的是心理的障碍。

在很多时候，孩子之所以感受不到幸福，并不是因为前进的路上障碍重重，而是成年人根据自己的经验，让孩子们误以为自己即将面临艰难的重重障碍，或者误以为自己遇到了巨大的障碍，根本无法跨越。事实上，没有过不去的坎儿，如果让孩子忘掉那些障碍，调整心理状态，感受当下的幸福，就不会那么悲观。

所以，培养感受幸福的情商，先要培养孩子忘记障碍的能力。

每个人都有自己的历史，每个人都有自己的困境，每个人都有自己的障碍，如果有人告诉孩子，"这没什么大不了的，一切都是浮云"，孩子内心的障碍就会少很多。

教孩子忘记障碍吧！每一天都是上苍赐予的，无论苦乐，都是幸福。

第五节
培养孩子感受幸福的方法之二：学会感恩

培养孩子感受幸福的情商，同时还要培养孩子学会感恩。感恩是一种处世哲学，也是生活中的大智慧。一个感恩的人，不会因为自己没有什么而斤斤计较，也不会一味索取，更不会任凭自己的私欲膨胀，感恩的人会为自己拥有的而心存感激，会感谢别人给予自己的一切，这样才能感到快乐，感到幸福。

一次，美国前总统罗斯福家失盗，朋友闻讯，赶忙写信安慰他。罗斯福给朋友的回信是这样的："亲爱的朋友，谢谢你来信安慰我，我现在很平安。感谢上帝，因为：第一，贼偷去的是我的东西，而没有伤害我的生命；第二，贼只偷去我部分东西，而不是全部；第三，最值得庆幸的是，做贼的是他，而不是我。"罗斯福的感恩心态，值得学习。感恩是一种人生的态度和高度,并不是别人有恩于你,你才去感恩,只要你活着,就应该感恩,只有懂得感恩,才能够发现自己所拥有的是那么多,自己的生活是那么幸福。

一个生活贫困的男孩为了积攒学费,挨家挨户地推销商品,但是,过程很不顺利。傍晚时,他很饿、很疲惫,甚至有点绝望。他敲开一扇门,希望主人能给他一杯水。开门的是一位美丽的年轻女子,她端给他的是一杯浓浓的热牛奶,男孩十分感激。多年以后,男孩成了一位著名的外科大夫。有一天,一家乡镇医院转来一名病人,病情较重,需要立即手术。这位外科大夫走上手术台,迅速为这位女病人做完了手术。术后,他惊喜地发现,这位女病人正是多年前他饥寒交迫时,热情地端给他一杯热牛奶的年轻女子,因此,他悄悄地为这位女病人支付了手术费,并且在手术费清单上这样写道:"手术费:一杯热牛奶"。

从成长的角度来看,心理学家们普遍认同这样一个规律:心情改变,态度就跟着改变,习惯也随之改变,时间长了,性格也会发生改变,人生的道路因此改变。就像在水中放进一块小小的明矾,就能沉淀所有的杂质;如果怀有感恩之心,就可以沉淀许多的浮躁、不安,消融许多的不满与不幸,带来很多很多的幸福。

法国著名作家罗曼·罗兰曾说:"只有把抱怨别人和环境的心情,化为上进的力量,才是成功的保证。"所以,培养孩子感受幸福的情商,就要先教孩子学会感恩,只有心怀感激,才能体会生命的意义;只有懂得感恩,才能提升自己的价值,实现自己的成功。

教孩子学会感恩,感谢所有的人。教孩子感谢困难,因为困难让孩子变得坚强;教孩子感谢欺骗,因为欺骗让孩子学会辨别;教孩子感谢欺辱,因为欺辱让孩子懂得反抗;教孩子感谢批评,因为批评让孩子有了进步;教孩子感谢讽刺,因为讽刺让孩子有了前进的动力。

每个人都不可能一帆风顺,但是,学会了感恩,再艰难的困境都是幸福。常感恩,幸福生!

第六节
培养孩子感受幸福的方法之三：发现幸福

写过《牧羊少年奇幻之旅》的巴西作家保罗·科埃略，还写过一本不太有名的小说《薇罗妮卡决定去死》，后来被改编成同名电影，2009 年在美国公映。女主人公是 28 岁的薇罗妮卡，她拥有漂亮的脸庞、体面的工作、舒适的住所，生活几近完美，而她本人却对此充满厌倦。她谈不上幸福，也谈不上痛苦，但她无法再忍受下去。她决定去死，烈酒兑大把的药片，结果自杀未遂，被抢救了过来。可是，医生对她说，她的心脏功能受到了严重的损伤，她已时日无多。薇罗妮卡陷入了困顿，在医院里，她遇到了一个和自己一样，即将走到生命尽头的男病人，两个人决定，在最后的生命里，好好活一场。于是，他们逃出医院，一起去旅行。最后，相爱的他们终于明白，所有的死亡预言，不过是主治医生善意的谎言，只是为了让他们结束死亡的行动，开始新生的旅程。

很多时候,孩子们就像薇罗妮卡一样,拥有不错的生活,却感觉不到幸福。家长的责任之一,就是带孩子一起发现幸福。

给孩子买一样他一直想吃的零食,对孩子来说就是幸福。

让孩子给自己的朋友和爸爸、妈妈以及其他的亲人写表扬信,孩子会感觉很幸福。

让孩子以自己为主角,编一个幸福的故事。

下雨天,陪孩子坐在屋子里回忆生活趣事。

让孩子写一张梦想清单,孩子就会发现自己有太多的幸福梦想,那些梦想是那么欢欣鼓舞。

陪孩子听一段传统相声,一起感受快乐。

下雨天,陪孩子宅在家里看动画片,一起开心大笑。

找个风和日丽的日子,带孩子出去散步、晒太阳。

陪孩子观察楼下花丛里的一只虫子。

教孩子洗自己的白球鞋,用刷子把白球鞋刷得干干净净,孩子就会感到成就感和幸福感。

和爱人、孩子一起打羽毛球、玩儿游戏。

给孩子买礼物,给他们隆重地过生日。

陪孩子和孩子的小伙伴们一起玩儿。

……

幸福无处不在，只有孩子学会了发现幸福，才能拥有幸福。

诚然，人生确实有许多无法逆转的苦难，也有一些无法挽回的遗憾。但是，人生也有很多让我们满足、快乐的幸福。培养孩子发现幸福的能力，能让孩子感受到幸福的那个人，绝不是别人，而是孩子自己。

帮助孩子敞开心胸，忘记障碍，学会感恩，发现和感受幸福。

第四章
每天都有幸福

第一节
每天一个幸福的理由

日本"绘本天后"高木直子有两本漫画,名字叫《一个人过5年》和《一个人过9年》,写的是大龄女士的单身生活。这两本漫画描绘了很多属于一个人的幸福,可谓每天一个幸福的理由。教孩子们感知幸福就要让他们每天找到一个幸福的理由,学会了发现幸福,幸福便无处不在。

在古希腊神话中,有一个叫西西弗斯的人,他触怒了众神,被罚将一块巨石推上山顶。然而,由于巨石太重,每当西西弗斯即将把巨石推至山顶时,巨石就会滚下山去,西西弗斯便不得不日复一日、永无止境地将这块巨石推上山去。诸神认为,再也没有比这样周而复始、无效无望的劳动更为严厉的惩罚了。其实,我们每天都在推石头。然而,推石头也有幸福,法国存在主义小说家、剧作家加缪这样评价西西弗斯的神话:"西西弗斯的全部快乐就在于:他的命运是属于他的。他的岩石是他的事情。……他是自己生活的主人。……最高的虔诚是否认诸神并且搬掉石头。他也认为自己是幸福的。这个从此没有主宰的世界对他来讲既不是荒漠,也不是沃土。这块巨石上的每一颗粒,这黑黝黝的高山上的每一矿砂,唯有对西西弗斯才形成一个世界。他爬上山顶所要进行的斗争本身就足以使一个人心里感到充实。……失去希望并不就是绝望。地上的火焰抵得上天上的芬芳。"这段话看起来艰涩,其实说明了一个简单的道理:不要怕失败,不要怕重复,不要怕无法成功,不要怕失去一切,因为你的生活永远属于你自己,你的世界因为你日复一日的奋斗而充实,而幸福。

这里,笔者斗胆续写一段给孩子看的关于西西弗斯的故事。

话说,西西弗斯在日复一日推石上山的过程中,与山间的动物和草木都结成了朋友。由于西西弗斯一次次推石上山,臂力超人,所以小动物们搭建巢穴、储备粮食时,常常找西西弗斯帮忙。小动物们给孤单的西西弗斯带来了很多的快乐,而山间的草木也让西西弗斯看到了生命蓬勃的力量。后来,山间一只美丽的孔雀,爱上了日复一日不停劳作的西西弗斯,于是,一场绝美

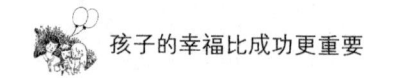

的恋情从此开始……

我们生活的每一天,从起床到睡觉,其实和西西弗斯差不多,都是周而复始的重复,要想让孩子在这样的重复中找到幸福,就要让孩子每天找到一个幸福的理由。

为了让孩子每天都拥有一个幸福的理由,我建议家长们住在原来的房子里,用多余的钱带孩子去旅行。

或许你还不知道,世界富豪之一沃伦·巴菲特,至今还住在他1958年买的老房子里。曾经,笔者被一家旅游公司的广告语打动:"只要半平方米的价格,日韩新马泰都玩儿了一圈;一两个平方米的价格,欧美列国也回来了;下一步只好策划去埃及、南非这些更为神奇的所在;几年下来,全世界你都玩儿遍,可能还没花完一个厨房的价钱;但是那时候,你的世界观已经不再是一套房子。生活在于经历,而不在于平方米;幸福在于感悟,而不在于别墅。"没错,房子、车子、时装、手表,都是消耗品,都会损耗,都会老化,而头脑中的回忆却历久弥新,它们会一直留在孩子的脑海里,成为孩子人生中珍珠般闪亮的经历。所以,给孩子投资点非物质的东西吧,它们比起物质环境更有意义,更容易为孩子带来真正的幸福。

别在小事上委屈孩子。

考试得了第一名,过年收到压岁钱,父母给买了新书包,对于孩子来说，这样的"幸福大事"发生的频率可能并不高，不可能每天发生，所以孩子需要一些小幸福，来充实日复一日的生活。既然每天都要有一个幸福的理由，那么就别在小事上委屈孩子。

> 2006年的诺贝尔和平奖得主孟加拉国银行家穆罕默德·尤努斯，以其创建的孟加拉乡村银行，为许多穷人带来了幸福。他为穷人提供小额贷款，这种小额贷款，不是一般意义上的小额贷款，而是小到我们都会觉得匪夷所思的小额贷款，而且利息很低很低，可以半年到一年后偿还，正因如此，孟加拉国的穷人们逃脱了恶性循环的高利贷生活，获得了更多的幸福。

我们也要在小事上对孩子大方一些，别在小事上委屈孩子，别让孩子觉得生活中的幸福太少。

相信很多孩子都喜欢吃巧克力，可是家长们并不会经常买给孩子们，怕牙齿坏掉，怕孩子长胖。其实隔三岔五地买一块价格不过几元钱的花生夹心巧克力，就可以让孩子很享受、很开心、很幸福。每当孩子情绪不佳或者精神不振，就可以给孩子买一块几元钱的巧克力，这样，孩子就能够很快地找到今天的幸福理由。当然，如果孩子更喜欢书，那么可以隔三岔五地给孩子买一本新书；如果孩子更喜欢做手工，可以隔三岔五地给孩子买拼图玩具……这些都可以让孩子多一些幸福的理由。

相信每个孩子每天都能找到幸福的理由，别在小事上委屈孩子，才能让孩子感受到更多的快乐和幸福。

尽量让孩子自己动手做。

如今，很多家长都不让孩子动手做家务，也难怪，洗衣服有洗衣机，洗碗有洗碗机，超市里有切好的蔬菜，玻璃橱柜里有配好作料的半熟炸酱面。越来越多的事情，我们都不用做了，动手的乐趣没了，探索的乐趣没了，成就感也没了。所以，不妨尽量地让孩子自己动手做，给日复一日的生活增加一个个幸福的理由。

比如假期或者周末，让孩子学做一道菜。从选择原料、清洗到切菜、烹饪，都让孩子亲力亲为。每次聚会，孩子都可以"显摆"一下，引起众人赞叹，多幸福的事情啊！

让孩子自己养一盆花，养一条狗。看着自己养的花，一天天在花盆里茁壮成长，每天出去遛遛狗，和小狗一起撒欢赛跑，对孩子来说是多幸福的日子啊！

可以让孩子自己动手做的事情太多了，这些小幸福，足以让孩子的每一天都幸福满满。让孩子给布娃娃做一件衣服，画一张家附近的地图，动手给爸爸、妈妈做一件礼物。下雨的夜晚，让孩子在家里用废旧物品做手工，周末给自己做水果拼盘……让孩子自己动手，让孩子的每一天都可以亮丽多彩！

第二节
告诉孩子：不完美才是真实的人生

相信很多读者都听说过"空杯哲学"，很多企业管理课也有"半杯水人才管理"的课程，所谓"空杯哲学"或者"半杯水的哲学"，讲的是人要不断地清空自己，不断地接受新的事物，而这本书中提出的"破杯子哲学"则截然不同。就像断臂的维纳斯更美丽一样，人生很多时候并不完美，不可能万事如意，不可能事事遂心，所以，要想让孩子每天都感觉到幸福，不妨告诉孩子：破了的杯子也幸福。

杰米·杜兰特是20世纪最伟大的艺人和最著名的演讲家之一，有一次，他被邀请参加一场慰问第二次世界大战的退伍军人的演出，他当时非常繁忙，只安排了几分钟时间，所以，他打算在台上讲一段独白，来安慰这些退伍军人。然而，从独白开始，到演讲结束，杰米·杜兰特竟然整整讲了半个小时。直到半个小时后,杰米·杜兰特才鞠躬走下舞台,台下掌声雷动。主办方惊讶于杰米·杜兰特慷慨激昂的演讲,对于他把几分钟的独白变成半小时的演讲颇为感激,杰米·杜兰特笑着说:"我原本是打算只讲几分钟的,但我没办法迈开自己的腿,只要看一看第一排的观众,你就明白了。"原来,第一排的座位上坐着两位士兵,他们在战争中分别失去了一只手,坐在右边的士兵失去了左手,坐在左边的士兵失去了右手。他们伸出各自剩下的那只手,把两只手合在一起,开心地鼓掌,拍得是那么开心、那么响亮。正是他们从心底发出的开心和快乐,感染了杰米·杜兰特,让他无法迈开自己的腿,就此离去。

在日常生活中,我们常常会被身残志坚的人打动。

著名作家史铁生,曾被命运三番五次地捉弄。史铁生18岁到延安插队落户,21岁那年因病导致双腿瘫痪,回到北京后治疗无效,自此他便开始了在轮椅上的生活。然而,造化弄人,几年后,史铁生被确诊患了严重的肾病,又因肾病引发尿毒症,必须依靠透析维持生命。失去了走路的双腿,失去了健康的体魄,但是史铁生并没有因此被命运打垮,他用自己的双手寻找自己的人生道路,史铁生曾自嘲地说:"职业是生病,业余在写作。"这就是他对"破杯子"的积极态度与美丽宣言。

在2005年央视春晚的舞台上,一支由残疾人艺术团表演的舞蹈《千手观音》,感动了全中国。在无声的世界里,在手语老师的指挥下,这些聋哑女孩,一招一式与有声的音乐节奏配合得天衣无缝。2004年,《千手观音》第一次在雅典残奥会闭幕式上亮相,惊艳全球。2008年,在北京残奥会开幕式上,《千手观音》做开场表演,再次引起轰动,成为享誉国际的经典节目。这21位聋哑女孩,平均年龄仅21岁,尽管失去了倾听美妙乐声以及用声音表达自我的机会,但她们并没有放弃人生、放弃梦想,她们用坚定的笑容面对惨淡的命运,用乐观的态度应对苦难的生活;她们从不幸的谷底走到了艺术的巅峰,虽然她们拥有的只是"破杯子",但她们却用一个个"破杯子",创造了非凡的奇迹。

在瑞士的洛桑,曾举办过一个"最完美的女性"的研讨会。与会者将南北半球、东西方的女性做了多项对比,最后得出结论——最完美的女性应该拥有:意大利女人的头发、瑞士女人的手、希腊女人的鼻子、美国女人的牙齿、中国女人的脚……当然,除了这些标准的外表,最完美的女性还必须拥有德国女人的持家本事、法国女人的精湛厨艺、中国女人的温柔妩媚……众所周知,无论是上帝还是女娲,即使只创造一个女人,也很难将所有的优点都集中在这一个女人身上。研讨会最终得出的结论是：在这个世界上，最完美的女性根本不存在。

追求完美，是人的共性。很多人为了达到完美，容不得自己有一丁点瑕疵，这不仅令自己很累，也让周围的人很紧张。其实，破了的杯子也幸福，不完美才是真实的人生。

风华正茂的少年，功课好，但或许正为自己有点胖、有点矮感到苦恼；美丽大方的女孩，会跳舞，会唱歌，但却因自己功课一般而感到苦恼……其实大可不必为这些而烦恼，告诉孩子们破杯子哲学。

> 足球运动员马拉多纳在阿根廷球迷心目中是神话或传奇的化身，可是，球技近乎完美的他，却有着诸多不完美的地方。年轻时脾气暴躁，经常因为犯规吃红牌；30多岁时，因对判罚持有异议，居然像个孩子一样，当场号啕大哭；步入中年，脾气似乎改好很多，谁知又爆出他服用禁药的丑闻……尽管如此，当马拉多纳真诚地向公众承认自己的错误时，球迷和市民们并没有因为他的这些不完美，甚至令人难以接受的缺点而排斥他。

人生本来就不完美。玫瑰花很香，可它会凋谢；塑料花四季一个颜色，可它没有生命力。

所以，告诉孩子：破了的杯子也幸福，应该感谢上苍赐给我们的"破杯子"，要用心拥抱"破杯子"带给我们的幸福。

最后，让我们一起看看世界电影大师卓别林的人生。卓别林幼年丧父，人又长得矮小瘦弱，相貌丑陋，也没有受过正规教育；然而，这些别人眼里无法接受的缺憾，并没有成为他获取成功的障碍。别人眼中的不完美，恰巧成了他独有的标志。矮个子、圆顶礼帽、竹手杖、大皮靴、鸭子式的走路姿势，都是别人所没有的。

跟卓别林一样，每个孩子都有自己不完美的地方，有先天的，也有后天的。不论先天的，还是后天的，都不需要因此而心情郁闷。要知道，这些不完美，并不是什么特例，更不是上天对你的不公。真实的生活，本来就是这样。梅逊雪三分白，雪输梅一段香。世间万物没有绝对完美的，正是因为人生的不完美，才有了奋斗与拼搏的动力。而我们眼里孩子的缺点与不足，未必都是真的缺点与不足，有可能就是孩子超出他人的幸福所在。卓别林成功的例子不是已经很说明问题了吗？珍惜"破杯子"吧！破了的杯子也幸福。

第三节
认识和欣赏孩子所拥有的

要想让孩子获得内心的幸福和平和，家长一定要学会认识和欣赏自己的孩子。只有家长认识并欣赏孩子，孩子才有更多的自信、勇气和幸福，孩子也才能认识和欣赏自己。

那么，如何认识和欣赏自己的孩子呢？

首先，凡事都往好处想，绝对信任自己的孩子。

不管孩子遇到了什么事情，最重要的是往好处想，信任自己的孩子。比如孩子犯了错，不要先指责，而要先问清楚原因，从善意的、好的方面去询问孩子，去寻找原因。不要凡事总往坏处想，动不动就说责怪的话。其实很多时候，孩子们都是无心做错事，而不是有意做错事，他们并不完全明白自己所做的事情会导致什么样的后果，他们也不会考虑自己这样做会有怎样的影响，家长要先信任他们，然后告诉他们什么是可以做的，什么是不可以做的，以及会因此导致怎样的后果。不要一味地否定孩子，否则最终可能导致糟糕的结果。心灵的力量，是人世间巨大的力量，如果你不断否定、指责孩子，那么，你不仅会剥夺孩子的信心，也会毁掉孩子的幸福。

所谓"祸兮福所倚，福兮祸所伏"，坏事和好事都是可以相互转化的，认识和欣赏孩子，可以通过教育把坏事变成好事。

说一件笔者亲身经历的事情。很多年前，有一次坐长途汽车，笔者遇到了一个小偷，那个小偷还很年轻，不到20岁，笔者发现他的时候，他的手正伸进笔者的口袋里。当时，笔者的外衣口袋里装了几十元钱，本能地用手捂住了口袋，连同小偷还在口袋里的手。笔者本想开口叫"抓小偷"，可看着他那张年轻的脸，突然心生怜惜，于是松开了手，冲他微笑着摇了摇头。小偷的手随即从口袋里抽了出来，手里空空如也，然后咬着下唇，迅速转身离开了。事实上，如果当时采取截然相反的做法，大喊大叫"抓小偷"，可能那个年轻人就被抓住了，但是他可能并不会真的放弃偷盗，反而会更加仇恨社会。

事实上，境遇不造就人，是人造就境遇，孩子就是家长造就的，认识和欣赏孩子，才能够造就孩子。

相信心灵的力量，认识和欣赏孩子，相信孩子能够创造所有令自己幸

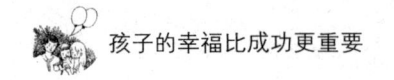

福的事。

家长对孩子的认识和欣赏,也会影响孩子对自己的认识和欣赏。

"心态是横在人生路上的双向门,人们可以将它转到一边,走向成功;也可以将它转到另一边,走向失败。"所以,家长要认识和欣赏自己的孩子,孩子感受到了欣赏,才能够有自信,从而进一步认识自己、欣赏自己,有勇气和魄力去面对所有的一切,才能够创造幸福的未来!

第四节
遵从心灵的旨意

有一首歌,名叫《盛开的希望》,它告诉我们真正的幸福来自内心,只有遵从心灵的旨意,才能真正感受到活着的幸福。歌词如下:

一朵荆棘中待放的花

为了盛开的梦想牵挂

即使受再多伤也不退却

坚持信念不再害怕

成长的历程艰辛太多

默默地承受心酸失落

尽管未来路上布满坎坷

期待绽放心不退缩

我不怕被挫伤

慢慢学会坚强

为了让她怒放

再艰难也勇敢去闯

盛开的梦想无比坚强

在寒冬也要绚丽开放

只为去证明

为梦想而活着的力量

盛开的希望无比倔强

执着着将全世界点亮

生命的力量为怒放

盛开出灿烂的希望

真正的幸福，来自我们的内心。我们每个人心中都有幸福，都有梦想，可真正能够随心而走的又有几人呢？很多成年人在欲望的诱惑下，忙于奔波，忙于工作，忙得忘记了聆听内心的声音，等到夜深人静之时，心中的梦想复苏，回望如水流逝的岁月，几多叹息，几多感慨。

谁也不希望自己的孩子如自己一般，在成年之后陷入无尽的奔波之中，为了生活放弃自己的梦想，在回首最初的金色梦想时，只能发出一声叹息。那么，就让孩子听从心灵的指引吧！让孩子跟随梦想前进，只有随心而走，才是最坦然、最自由、最幸福的生活。

有一个朋友，曾经是一家动漫公司的漫画总监，薪水很高，工作很好，然而他最后的选择并不是在漫画领域做漫画展的评委、漫画公司的高管，而是放弃了这份工作，做了一名野生动物保护者。问及他为什么能够舍弃原有的生活，投身野生动物保护事业时，他没有豪言壮语："我心里天天想着这些小动物，上班也不安心，就辞职来做这个了。""心里天天想着这些小动物"，其实很多人，心里也天天揣着自己的梦想、自己的希望，可就是不去实施，不去行动，于是，在岁月如水流逝之后，他们还是没能靠近自己的梦想，没能感受到发自内心的幸福。最终，在皱纹爬上眉头之后，依旧在抱怨，依旧在哀叹，感叹人生不能如意，感叹心灵无处安放。与其如此，不如遵从心灵的旨意，随心而走。

常常有人说："如果时光可以倒转，我可以回到从前，我会……"为什么不能让我们的孩子们从一开始，就遵从心灵的旨意，幸福生活呢？为什么非要等岁月流逝之后，让他们再说一次："如果时光可以倒转，我可以回到从前，我会……"

很多孩子都喜欢凡尔纳的小说《环游世界八十天》，梦想有一天也能"环游世界"！"环游世界"似乎是一个遥不可及的梦想。日本有个青年写了一本书，书名叫作《不会去死》，这个名叫石田裕辅的青年，辞掉了工作，骑自行车进行了一次为期7年的"环游世界"的长途旅行。石田裕辅在书的扉页上这样写："既然要走，就得趁现在就走，既然要走，就得走出世界第一。"

如果孩子喜欢跳舞，那么就让孩子遵从内心的喜好，从现在开始跳舞吧！如果孩子喜欢画画，就让孩子每天画画吧！有一位生长在海边的女孩，她蔑视一切陈规旧俗，讨厌所有浮华做作，只愿听从内心的声音。年纪还很小的时候，她就自创了一种"新的自由舞蹈体操"，这种舞蹈与当时所崇尚的芭蕾舞大不相同。小小年纪的她，坚持遵从自己内心的选择，拒绝程式化的芭蕾舞，拒绝约束人的舞鞋和束身衣。她坚持理想中的舞蹈，发誓要将人类的精神与灵魂，用舞蹈的形式表现出来。这个女孩，就是邓肯。邓肯听从内心的声音，"跨开大步，跳前跳后，跳上跳下，仰高头，挥动臂膀，跳出先人的开拓精神，跳出英雄的刚毅，跳出妇女的公道、仁慈和纯洁"。邓肯的舞蹈最终大放异彩，轰动世界。她被公认为"现代舞之母"，为人类的舞蹈事业做出了巨大的贡献。

很多人在岁月流逝之后，回望青春，悲怆不已，后悔当年没有遵从心灵的旨意，及时向梦想进发。阻挡我们幸福的，不是金钱，不是时间，也不是能力，而是我们自己。佛说：心不为形役。在茫茫尘世，要想获得幸福，就要跟着自己的心轻松行走。哪怕不被理解，哪怕遭人非议，都不要停下前进的脚步。就像弘一法师李叔同，在已经娶妻生子、成家立业、名利双收之后，选择遁入空门，专心向佛，为的就是遵从自己的内心、做自己真正想做的事。在人世间，最了解自己的人就是自己，所以，要让孩子们学会倾听内心的声音，跟随心灵去追逐幸福。每个人的生命都只有一次，遵从心灵的旨意，才能获得人生的大幸福。

如果孩子们都遵从自己心灵的旨意，那么说不定有朝一日，也能够像日本青年石田裕辅那样，看恒河的日出，看满月下的金字塔，看东非草原上奔跑的长颈鹿，看丛林深处若隐若现的蒂卡尔神殿，看极地夜空中五彩摇曳的欧若拉，经历生死绝境、伤痛离别和幸福瞬间；如果孩子们都遵从心灵的旨意，那么说不定也能够像邓肯那样，在梦想的舞台上翩翩起舞；如果孩子们都遵从心灵的旨意，那么说不定也能够像弘一法师那样，参悟世间百态。想要让孩子们实现自己的人生梦想吗？那么，就让孩子们遵从心灵的旨意，现在就出发吧！

第五节
生命中的每一刻，都有完美与奥妙

生命中的每一天、每一刻，都充满完美与奥妙。中国现代著名学者林语堂先生说过："为什么世界上95%的人都不成功，而只有5%的人成功？因为在95%的人的脑海里，只有三个字'不可能'。"在这个世界上，没有什么是不可能的，只要我们努力，就会有收获，因为生命中的每一刻，都充满着完美与奥妙，生命的奥妙是吸引我们不断前行的力量。

一位哲人曾经说过："世界上最大的悲剧和不幸就是，一个人大言不惭地对别人说：'没人给过我任何东西。'"这是一个人最大的悲哀，因为他对生命中每一刻的完美和奥妙都视而不见，不懂得珍惜生命中每一刻的幸福。

日本"推销之神"原一平，推崇"三恩主义"。所谓"三恩"，就是社恩、佛恩和客恩。

所谓"社恩",就是感激公司的栽培。原一平认为,如果没有公司提供的平台,就没有他的成功,所以他时时刻刻感谢公司。所谓"佛恩",就是对自己的启蒙恩师吉田胜逞法师和伊藤道海法师的感激。原一平认为,自己之所以能够成功,这两位恩师的点拨功不可没。所谓"客恩",就是感激所有的客户和同事,是他们的帮助和支持成全了自己的成功。

原一平的"三恩",正是对生命中每一刻的完美和奥妙的感激,正是对生命的恩赐的感激。

为什么我们不能教育孩子像原一平一样,感激生命中所有的完美与奥妙呢?只要有一颗感受幸福的心,在生命中的每一刻,都能发现完美和奥妙。喜欢踢足球吗?发明了足球的人,是多么神奇!喜欢看《蜡笔小新》吗?《蜡笔小新》的作者又是多么神奇!喜欢名侦探柯南吗?他是多么神奇的一个人物啊!放眼看去,生命中有多少的完美和奥妙值得孩子们去感恩、去开心、去幸福啊!

别说找不到幸福,找不到快乐,每天给孩子一个幸福的理由,让孩子从身边的每一件小事开始感受幸福,孩子的人生就有可能充满快乐!

第五章 学习如何提升幸福感

第一节
幸福是快乐的下一站

开心、快乐、愉悦，这些美好的感觉和幸福有着密切的联系，但它们不是幸福本身。幸福是一种状态，是一种长期的感觉，而快乐通常是短暂的。所有这些愉悦的感觉，会在某一瞬间出现，也会在某一瞬间突然消失。就像吃巧克力，在感受丝滑香甜的巧克力在嘴里融化的时候，就会觉得非常开心、非常快乐，然而，一旦吃完巧克力，这种感觉就会渐渐消失。所以，快乐是短暂的，而幸福却是长久的。因此，幸福是快乐的下一站。

这本书读到这里，已经近半，亲爱的读者，您读累了吗？

好吧，现在，就让我们带孩子一起寻找生活的快乐，用快乐去积累幸福吧！

快乐驿站一：找个风和日丽的日子，带孩子玩耍

生活里最怠惰、最懒散的快乐，就是在风和日丽的日子里，带孩子玩要,放松紧绷的神经,忘记一切烦恼。在阳光晴好的日子,找一个地方怡然自乐,或是小区里阳光驻足的角落;或是公园小树林里那条孤单而不孤独的长椅;抑或是阳台上,被阳光照了一早上暖洋洋的双人沙发;还可以是硕大的广告牌后,或那处在阳光暴晒后泛着煦暖的味道的空地。总之,会有一个地方,可以让你和孩子一起享受阳光,享受温暖,享受快乐,享受亲情。

在阳光下,带着孩子闭上眼睛,用耳朵倾听平日里被我们忽略的声音。

远处,巨大的卡车,轰隆隆驶过马路;近处,居民楼里小孩子扯着嗓子在哭喊;低处,新生的小狗奶声奶气地叫;高处,飞机飞过天空的轰鸣声隐约传来;偶尔有人从身边经过,鞋子踩在地面上,发出轻微的摩擦声。如果手里有一本书或者一张报纸,可以覆盖在孩子的面颊上,遮住耀眼的阳光;如果身边有一只同样在晒太阳的猫或者狗,不要惊动它,带着孩子和它一起享受这大自然的馈赠。

然后带着孩子看看远处绿绿的树、青青的草,不问成绩,不谈工作,只需要对孩子说:"看,我们多幸福啊!"

快乐驿站二:带孩子去逛艺术区

有周末就有快乐,在周末带孩子去艺术区逛逛,就更幸福了。

北京的艺术区首推 798 和宋庄。

先说说 798 吧! 798 坐落在北京的东北角,是 20 世纪 50 年代国营

798厂等电子工业厂的老厂区所在地，从2002年开始，一批艺术家和文化机构开始进驻这里，成规模地租用和改造工厂，798就渐渐成了前卫艺术的代名词。现在，位于北京朝阳区酒仙桥街道大山子地区的798艺术区，又称大山子艺术区（英文名为Dashanzi Art District，简称DAD），西起酒仙桥路，东至京包铁路，北起酒仙桥北路，南至将台路，面积60多万平方米。798是一片自由开阔的土地，它容得下所有千奇百怪、匪夷所思的艺术思路，更容得下所有不可思议、绝对自我的创作方式，无论是涂鸦还是冥想，无论是精致还是粗糙，无论是疯狂还是自闭，在这里都有栖息地，只要你能想到，798就能够接纳。所以，798每天都在变化，每一刻都在变化，如果说有什么词语可以概述798的风格，那最准确的莫过于：变化。

曾经，这里有李宗盛手工吉他工作室；曾经，这里还是洪晃《世界都市iLook》和《乐》杂志编辑部；曾经，这里举办过法国摩西时装发布会、意大利DIOR时装发布会；曾经，这里举行过耗资300万的欧米茄产品发布会。辛迪·克劳馥、陈逸飞夫妇、任贤齐、杨紫琼都曾踏上过798的土地。

英国当代艺术中心前任总监菲利普·多德（Philip Dodd）曾这样说："从伦敦，到纽约，到巴黎，每一个关心艺术的人都在谈论798。"带孩子到798看看，可以开拓孩子的想象力，也会给他们带来丰富的快乐。

接下来，就是被称为"画家村"的宋庄。宋庄可以给你很多快乐，因为那里自由，那里个性。宋庄位于北京市通州区，从行政归属上，宋庄属于通州区，但在国外，宋庄却比通州区要知名得多。如同法国的巴比松，美国的东村，德国的达豪、沃尔普斯韦德——宋庄也因聚集了众多的艺术家和异常活跃的艺术氛围，而引起国内外艺术界和文化界的极大关注。这里被称为世界上规模最大的艺术家群落。

到了宋庄，首先要看的是美术馆。

宋庄最大的美术馆，就是上上国际美术馆。上上国际美术馆常年都有展览，而且展览的作品大都新鲜奇特。去看看这里的美术展，你会发现，每个人其实都活在自己丰富的想象里，只要你还活着，你还能够思考，你就会感到快乐。而对孩子们来说，这里有太多千奇百怪的艺术品，有太多精妙绝伦的图画，这些都会让他们感到十分新奇。

宋庄还有当代美术馆、宋庄美术馆和各种各样的私人美术馆。除了美术馆，宋庄还有众多的画廊和画室。

这些画廊和画室，是最有趣的"宋庄特色"。几乎每一个画廊都有自己的特色，每一个画室的主人都有自己的风格。不过，这些画廊和画室都有一个统一的"宋庄特色"，那就是随意。

在宋庄，你看不到精致的装修，也看不到西装革履。

画廊多以粗犷的风貌示人，而画家们多以纷乱的画室迎接每一个访客的到来。

宋庄最有趣的，还是人。

在宋庄，孩子们可以看见穿裙子的男人、扎辫子的男人、长发披肩的男人、长袍在身的男人；还可以看见穿着宽大的上衣和裤子的女人、穿着花花绿绿民族服装的女人，甚至可以看到光头的女人。你可以对孩子说："我们为快乐而来到宋庄。"

快乐驿站三……

后面的快乐驿站，就请读者自己来填写吧！

幸福是有积累效应的，很多快乐积累起来，就能够到达快乐的下一站——幸福。

第二节
孩子拥有什么，才真正感到幸福

如果孩子拥有500万，他会感到幸福吗？如果孩子拥有一栋别墅，他会感到幸福吗？让孩子上最好的学校，孩子会感到幸福吗？拥有什么才能让孩子真正觉得幸福呢？

其实在这个世界上，根本不存在绝对的幸福。快乐与悲伤，善良与邪恶，幸福与不幸，都是一个硬币的正反两面，对孩子来说也是如此。

在佛教著作《阿毗达摩俱舍论》中，有这样一个与幸福有关的故事。

在很久很久以前，有一个年轻人祈求上天，希望上天赐予他幸福。一天晚上，门外传来敲门声，年轻人开门一看，一位美丽的姑娘站在门口，美丽的姑娘对他说："我就是幸福女神，叫吉祥天，负责掌管幸福，天帝派我来赐予你幸福。"年轻人喜出望外，请她进屋。可年轻人没想到，吉祥天身后还有一位丑陋无比的姑娘,吉祥天对年轻人说,这位丑陋的姑娘,就是与她形影不离的妹妹,负责掌管不幸的女神黑暗天。于是,年轻人央求幸福女神将妹妹留在门外,独自与他一起进门。可吉祥天却说,自己从小到大都没有和妹妹分开过。年轻人不知如何是好,左右为难,吉祥天见年轻人犹豫不决,就拉着妹妹的手,消失得无影无踪了。

所以,人生在世,不可能拥有绝对的幸福。那么,对孩子来说,究竟拥有什么,才算拥有真正的幸福呢?

首先,要让他们意识到,拥有独一无二的自己,就能够获得真正的幸福。这个独一无二的自己,不仅意味着要有自己的特长,还意味着要接受自己与他人的不同,能够肯定和欣赏独一无二的自己。

世界名模辛迪·克劳馥,曾经是全球赚钱最多的模特,年收入曾高达650万美元,她美丽的面孔成就了她的幸福人生。然而,真正让她拥有幸福的,并不是美貌,而是唇边那颗黑痣。辛迪·克劳馥16岁那年,被一位小报记者推荐给了一位名叫安德森的模特公司经纪人,这位经纪人将辛迪·克劳馥介绍给各家模特公司,却遭遇了一次次的回绝。大家一致认为,辛迪·克劳馥唇边的那颗黑痣着实难看。于是,安德森就为辛迪·克劳馥精心制作了一张照片,将黑痣隐藏在阴影里,就是这张照片,打动了模特公司。没想到,模特公司的负责人见到了辛迪·克劳馥本人之后,竟然就指着辛迪·克劳馥的黑痣说:"请将这颗黑痣拿下来。"当时,激光除痣手术已非常普遍,而且价格并不昂贵,手术过程也不费时,但辛迪·克劳馥却不知哪儿来的勇气,竟毅然决然地说:"我不拿掉这颗黑痣。"而安德森在得知此事之后,竟然也坚定不移地支持辛迪·克劳馥:"你无论如何都不要拿下这颗黑痣,以后等你出名了,全世界都要靠这颗黑痣来识别你。"

数年之后,辛迪·克劳馥在模特界红极一时。安德森的话终于得到了验证:"全世界都要靠这颗黑痣来识别你。"没错,就是那颗黑痣成就了辛迪·克劳馥,使她成为独一无二的那个人,没有谁可以替代她。其实人生就是这样,幸福可以习得,平庸与精彩近在咫尺,拥有什么,都不如拥有独一无二的自己,坚守独特,就能拥有真正的幸福!

其次,要让孩子拥有淡定快乐的心灵,这样他们就能够获得真正的幸福。

"淡定"这个词在这些年极为流行,然而这个词说起来容易,做起来却很难。古往今来,真正能够做到"宠辱不惊,闲看庭前花开花落;去留无意，漫随天外云卷云舒"的又有几人呢？很多文人墨客、有志之士，不都曾因为怀才不遇、壮志未酬而郁郁寡欢，甚至自寻短见吗？如果能够让孩子们拥有淡定快乐的心灵，那么他们就能够拥有更多的快乐和幸福。

德国著名诗人、剧作家和思想家歌德，给人类留下了著名的诗体悲剧《浮士德》和2500余首诗歌，这非常值得我们尊重、敬仰。然而我认为，更值得我们尊重的是歌德的母亲。她17岁的时候嫁给了一位38岁的律师，后来这位律师病逝，她一个人拉扯几个孩子。她一共生育了6个孩子，有3个夭折。中年时，她又失去了自己唯一的女儿。在战争的岁月里，她带着几个孩子逃亡在外，流离失所。然而，她却从来没有绝望过、放弃过，她带领孩子们做游戏，给孩子们编故事，孩子们在她身边从未感受到苦难，也未曾感受过卑微。她成就了家喻户晓、万人敬仰的天才歌德，她是一个伟大的母亲。为什么她能让自己和孩子们都感受到幸福呢？因为她有一颗快乐的心，她教会孩子们淡定从容、快乐地面对生活。

淡定快乐，是多么巨大的力量，它可以战胜一切，引领孩子们走进幸福的佳境。

只有接受独一无二的自己，拥有淡定快乐的心灵，才能够拥有真正的幸福，从而拥有完美的人生。

第三节
父母心态平和，孩子才能幸福

如果孩子出了问题，不管是怠惰还是易怒，不管是孤僻还是好动，不管是不善于管理时间，还是不善于归纳整理，家长总会站在成年人的制高点指责孩子，然而实际上，孩子的问题也是大人的问题。孩子本是一张白纸，他们并没有对错和好坏的概念，他们最初也并不明白自己的行为是对是错，所以，不管孩子出了什么问题，父母的心态都要平和，都要从自己平日的教育方法和言传身教中寻找解决的办法，而不是指责孩子。

很多成年人都有拖延症，做事总是一拖再拖，找这样或那样的理由给自己开脱，却不知自己的这些行为会给孩子带来什么样的影响。而一旦发现孩子拖拉、延迟，写不完作业，就开始责怪孩子磨蹭，事实上，问题并不在孩子，而在父母。倘若父母能够先从自身寻找问题，能够以身作则，带领孩子一起发现问题、攻克难关、解决拖拉、加快速度，那么孩子就能够感受到改变后的快乐，就能够积极乐观地提高速度，解决拖拉的毛病难题。

家长的乐观、积极和悲观、无奈，都是会感染孩子的，家长的认真、仔细和自私、敷衍，也是会感染孩子的，所以父母的心态很重要。尤其在当下社会，父母要有一个平和的心态，不要总是看"别人的孩子"如何如何。

大家都知道伟大的发明家爱迪生。爱迪生从小就对各种事物充满了兴趣，在他12岁那年，因为喜欢摆弄、制作各种小玩意儿，爱问问题，被校长认为是顽皮捣蛋的学生。一次，老师将爱迪生的母亲找来，当面数落她的儿子："他脑子太笨了，成绩差得一塌糊涂，总是爱问一些不着边际的问题。我们真教不好你的儿子。"爱迪生的母亲听了，没有责怪爱迪生，只是觉得老师不理解自己的儿子，问题多是因为孩子爱思考，好奇心强，求知欲强烈。爱迪生的母亲相信儿子的智力没有问题，而且比别的孩子还要聪明很多。于是，她毅然对老师说："既然这样，我就把我儿子带回家吧，我自己来教他。"老师听得愣住了，他实在不能理解这个"奇怪"的孩子，还有他"奇怪"的母亲。

从此，爱迪生的母亲就当起了儿子的家庭教师。对于儿子稀奇古怪的问题，只要她知道的，她就认真回答，不知道的，她就让儿子去查资料。当她发现儿子对物理、化学很感兴趣后，就给儿子买了很多专业方面的书，还劝丈夫把家里的小阁楼改造成儿子的小小实验室。就这样，在这个不怕被问"为什么"的母亲的教育下，爱迪生充满创造性的智慧得到充分的发展。爱迪生虽然没有在学校读过几年书，却研究出电灯、电报、留声机等1000多种伟大的发明，为人类社会的发展做出了巨大的贡献。对于自己的成功，爱迪生曾无限感慨地说："没有我的母亲也就不会有我的任何发明。"

爱迪生的成功，首先应该是他母亲的成功，爱迪生的伟大，正是因为他母亲的伟大。生活中像爱迪生一样喜欢问问题的孩子有很多，他们的小脑瓜里总是装满了"为什么"，许多家长对孩子那些异想天开、稀奇古怪的问题不加理会，或者轻易否定。爱迪生的母亲却认真地对待、细心地回答孩子的每一个问题，这对培养孩子的想象力、思维力有很大帮助，使孩子强烈的求知欲和好奇心得以保持，从小就能养成善于思考、勇于探索的习惯。

面对学校的指责、老师的排斥，爱迪生的母亲不仅平和而且从容，她坚信自己的儿子不是个笨孩子，这样的家长才是孩子最好的朋友，才是孩子最好的导师。

现实生活中，很多家长是不平和的，他们看到别人的孩子学习好，就训斥自己的孩子不努力；他们看到别人的孩子多才多艺，就唠叨自己的孩子没有天赋；他们看到别人的孩子做家务、照顾弟弟妹妹，就抱怨自己的孩子不懂事。事实上，他们从不考虑，别人的孩子学习好是不是因为孩子的家长付出了更多的努力，对孩子更加有耐心；别人的孩子多才多艺，是因为上完兴趣班后他的家长给予了足够的鼓励；别人的孩子做家务、照顾弟弟妹妹，是他的家长教会了他如何爱家人……只有家长将心态放平和，才能看到自己孩子的优点和长处，才能让孩子过得更幸福。

第四节
运动增加幸福感

本书第三章曾经提到过如何掌控幸福的密码，如何促进多巴胺和内啡肽的分泌，那么，在习得幸福的过程中，怎样做才能最有效快捷地促进幸福激素的产生呢？最简单的方式就是运动，运动会产生快乐素，从而增加幸福感。德国著名作家施特凡·克莱因创作了《幸福公式》等畅销书，他曾经说过，在深入研究幸福之后，他更喜欢运动了！

亲爱的读者们，运动与幸福的关系绝非杜撰，从生理角度讲，运动的确能够促进人体的血液循环，增强人体免疫力，进而促进人的心理健康，增强人的快感。经常锻炼的人，大脑中会分泌一种可以支配人的心理和行为的内啡肽，科学家称之为"快乐素"。内啡肽一般只能在体内存在2~3天，要想使大脑不断地分泌内啡肽，就必须经常进行健身锻炼。一旦停止运动，内啡肽的分泌量就会减少，直至停止分泌，人的快感就会逐渐减少，这就是很多医生都建议病人坚持运动的原因，因为运动不仅会让身体更快地康复，还会让病人保持心情愉悦。

那么，如何才能让孩子持续运动呢？

相信很多家长都有过这样的经历，刚开始带孩子运动的时候，孩子雄心勃勃，目标制定得也很"宏大"，比如每天运动一个小时，每天早上6点起床去跑步，每周打两场球，之所以说目标"宏大"，是因为最初的目标里都有"每天"两个字。运动这件事情，开始并不难，难的是"每天"运动。就像跑马拉松，开始并不难，难的是一路跑到底，不间歇、不放弃。当然，很多孩子还是能够坚持运动一段时间的，几天、一周、两周，或者一个月，随后就逐渐有了这样那样的借口，比如：今天早上天气不好，有大雾，不适宜跑步；昨晚睡得太晚了，今天多睡会儿，晨练改为晚上锻炼吧……诸如此类的借口多了，运动计划就成了三天打鱼两天晒网的空计划。再接下来，三天打鱼两天晒网也渐渐少起来，运动成了偶尔为之。最终，持续的运动变成了一场空谈，生活恢复到制订计划前。其实大多数的运动计划，都是这样从"兴盛"走向"覆灭"的。

那么，如何才能实现持续运动呢？让我们先来看看日本马拉松运动员山本田一的成功诀窍。

山本田一是1984年和1987年的国际马拉松比赛的世界冠军，他在自传中这样写道："每次比赛之前，我都要乘车把比赛的路线仔细地看一遍,并把沿途比较醒目的标志画下来,比如第一标志是银行,第二标志是一棵古怪的大树,第三标志是一座高楼……这样一直画到赛程的终点。比赛开始后,我就以百米的速度奋力向第一个目标冲去,到达第一个目标后,我又以同样的速度向第二个目标冲去。40多公里的赛程,被我分解成几个小目标,跑起来就轻松多了。"

孩子们的运动计划,虽然无法和马拉松比赛相提并论,然而在性质上却类似。如果一开始就把目标定在终点,当孩子们跑到十几公里的时候就会疲惫不堪,因为前面那段路实在太遥远,遥远到孩子自己都没有信心和勇气去战胜它。而如果像山本田一那样,把运动目标分解成一个个小目标,先给自己制订一周运动计划,实施后再制订一个月运动计划,完成后再制订三个月运动计划,这样,孩子们就更容易实现持续而快乐的运动。

接下来,如何让孩子们从持续的运动中感受到幸福呢?

第一,每天抽出几分钟跳绳。

跳绳是最简单,也最节省场地的运动方式之一。很多小学从一年级就开始让孩子们学习跳绳。那么孩子们只要从跳绳开始,每天练习几分钟,就能够逐渐养成运动的习惯。每天抽出几分钟,跳绳的速度就会越来越快,时间长了,孩子们会充分感受到运动的成就感,感受到幸福。

第二，理解并尊重身体对运动的客观依赖。

身体是会对运动产生依赖性的，如果家长能够帮助孩子们理解这种客观的依赖，并且适当利用这种依赖，就能够让孩子们获得更多的快乐素。很多人都有这样的经历，在高强度的有氧运动之后会感到肌肉酸疼、四肢乏累，这是正常现象。我们的肌肉在运动过程中会产生乳酸，乳酸是导致我们感觉到酸疼的根本原因，所以不要动不动就说自己运动过量或者肌肉扭伤。当有氧运动量相对较大时，机体能量产生了无氧代谢，乳酸就会产生，尤其是运动后休息一宿，乳酸散布开来，就会感觉浑身酸疼。这个时候只要加速乳酸排泄，就能够消除酸疼感。而加速乳酸排泄的方法，就是持续有氧运动，这就是身体对运动的客观依赖。这个时候如果停止运动，身体就会持续酸疼好几天，而如果继续运动，就会在再一次的运动后，感受到轻松和愉快。孩子们在持续的运动后，也会体会到乳酸堆积的疼痛，那么排泄乳酸的方法就是持续的有氧运动。

所以，要想让孩子们获得更多的快乐素，更多地感受到运动的幸福，就要帮助他们理解并尊重身体对运动的客观依赖，在浑身酸疼的时候，让他们继续运动。

科学向我们证实，经常运动的人是健康、快乐和幸福的人。运动能提高呼吸系统和心血管系统的功能；有氧运动吸入的氧气可以抑制人体癌细胞的生长和繁殖，提高心脏的工作能力；大幅度的运动能够加快人体的血液循环，清洗排泄系统残存的有害物质，加快释放快乐素内啡肽，使人体产生持续的畅快感。不管是跑步、跳舞，还是参加各种球类运动、运动竞技，都能够加快快乐素的释放，获得更多的幸福感。

亲爱的读者们，想让我们的孩子更幸福吗？那就从现在开始，帮助孩子养成每天坚持运动的习惯吧！

第六章
在孩子心中种一棵叫作『幸福』的树

第一节
梦想是幸福的种子

每个人都会遇到困难,遇到坎坷,更何况孩子呢?在逆境中,梦想是支持孩子前进的力量;在顺境中,梦想是孩子寻觅幸福的明灯。法国著名导演吕克·贝松曾经说过:"对一个人来说,梦想就像汽油对汽车一样重要。在世界上,无论任何一个国家、任何一种政权,都无法阻碍一个人去追逐梦想,这是一种难以置信的力量。就算你被关在一间狭小的囚室里,什么都不能做,也不能阻止你去梦想。"其实,幸福的本质,就是实现梦想。每一个人,无论是否已经成功,无论生活得怎样,只要有梦想,就是幸福的。有梦想的人是值得尊重的,有梦想的人是幸福的,人生因为有梦想才美丽。德国诗人歌德说过:"使人快乐的一切,无非梦幻。"是啊!梦想就是能长出幸福的那颗种子。

著名导演李安最初报考美国伊利诺伊大学戏剧电影系

时，竞争十分激烈。李安的父亲和其他家人都坚决反对他报考戏剧电影系，然而怀揣电影梦的李安却毅然决然地走进了考场。进入大学之后，李安才意识到，对于一个普通的华人来说，要想在美国电影界闯出一番事业是一件多么艰难的事情。因为在美国电影界，华人始终处于极度边缘化的地位，华裔演员总是在影片中扮演餐馆侍者、酒店杂役之类的角色，出镜率比黑人还要低得多，而华人导演更是备受歧视，很难得到认可和欣赏。

李安毕业后，一直在剧组里做勤杂工，他还做过器材管理员、剪辑助理和剧务。他不是不想拍电影，不是不想做导演，他曾经拿着剧本，半月之内跑了30多家公司，得到的却是别人的白眼和拒绝。李安从未想到生活会是这样艰难，然而生活就是如此。转眼李安已经年近30岁，"三十而立"的他连养家糊口都困难，要靠妻子去奔波忙碌，李安又该如何继续自己的电影梦呢？

在追寻电影梦的道路上，李安曾经想过放弃。他无法接受自己依赖妻子生活的现状。每天看着妻子奔波忙碌，为了那点微薄的薪水早出晚归，而自己除了读书、看电影、写剧本，就只能带孩子、做家务。他对妻子充满了愧疚，他承担了所有的家务，包括买菜、做饭、带孩子、打扫房间。那段时间的每个傍晚，做好晚餐后，他就和儿子坐在家门口，一边讲故事哄儿子，一边等着英勇的"猎人妈妈"带着"猎物"（指生活费）回家。

对一个男人来说，靠妻子养家是非常伤自尊的事情。有一段时间，岳父、岳母给了李安的妻子一笔钱，说是让他们小两口去开个中餐馆，也好养家糊口，但好强的妻子没有接受，执意把钱还给了二位老人。这件事让李安十分难过，辗转反侧好几个夜晚之后，李安做出决定：放弃电影梦，直面惨淡的现实。李安走进了社区大学，他报名参加了电脑学习班，为了挑起生活的重担，他打算放弃电影，改行学习电脑。然而，放弃梦想就像夺去他的灵魂，他萎靡不振、无精打采，直到细心的妻子发现丈夫包里的电脑学习班课程表，他才开始重新审视自己的选择。那一天，李安的妻子对他说："我相信，人只要有一项长处就足够了，你的长处就是拍电影。学电脑的人那么多，又不差你李安一个！你要想拿到奥斯卡的小金人，就一定要保证心里有梦想。你要记得你心里的梦想！"终于，那些被艰辛的生活所淹没的梦想，在那一天，重新填满了李安的心房，他从包里拿出电脑学习班的课程表，撕成了碎片……

李安最后还是成功了，2006年，李安获得了奥斯卡金像奖的最佳导演奖！全世界的华人为他欢呼，这是华人第一次问鼎奥斯卡金像奖，李安成了全世界华人的骄傲！

当人生陷入困境时，只要稍一犹豫、稍一退缩，梦想就可能离你远去。然而，放弃梦想之后，你并不会快乐，因为你失去了幸福的种子。

19世纪，在意大利有一个小男孩，他喜爱唱歌，梦想成为一名歌唱家。然而在他居住的村庄里，没有一个人相信他能成功，一位有钱的财主骑马路过，无意中听到他在唱歌，便哈哈大笑，嘲笑他的歌声像拉风箱一样难听。尽管所有的人都嘲笑这个小男孩，但小男孩仍然坚持自己的梦想，每天干完农活，都到小河边去练歌。小男孩的妈妈，一位普通到不能再普通的意大利农妇，坚定地支持着儿子，她时常会告诉自己的儿子："你今天比昨天唱得好多了。"而且，这位妈妈竟然还拿出了所有的积蓄送儿子去学习声乐，就是为了能够帮助儿子实现他的梦想，助他梦想成真。自此，梦想这棵种子发芽、生长，最终，长成了一棵参天大树。小男孩长大了，他成为19世纪最负盛名的歌唱家，他，就是"世界歌王"卡罗素。如今，几乎在所有的舞台上，介绍世界著名男高音歌手帕瓦罗蒂时，主持人都会这样说：

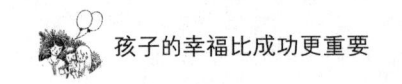

"自'歌王'卡罗素以来，本世纪最伟大的'高音C歌王'帕瓦罗蒂……"正是梦想，支持着卡罗素不断努力，成就了他最大的幸福，成就了"世界歌王"。

人生如梦，在漫漫人生路上，能够让我们的心中波澜壮阔、壮志满怀的，只有梦想。在历史上，有多少人为了追逐梦想、捍卫梦想，付出了鲜血甚至生命的代价，寻梦的过程，是人生最绚烂的诗篇！

为孩子播下一颗幸福的种子吧！让孩子用坚韧、勇敢和分享去浇灌它，用微笑、智慧和踏实去培育它，"千淘万漉虽辛苦，吹尽狂沙始到金"，只要孩子相信自己那美丽的梦想，它就会生根、发芽、开花、结果！只要坚定地走下去，孩子就能到达幸福的彼岸！

请一定相信：只要孩子有梦想，就会越来越靠近幸福！

第二节
分享使幸福加倍

俗话说，"赠人玫瑰，手留余香"。作为成年人，我们都有这样的生活经验，快乐的事情到来时，我们总会迫不及待地想要告诉身边的亲友，希望他们和我们一样开心快乐，这样，我们的快乐就会加倍；烦恼的事情降临时，我们就会想跟身边的亲友唠叨唠叨，虽然他们可能帮不上忙，但是说完了我们心里就会痛快许多。所以，快乐分享之后就会加倍，烦恼分享之后就会减半。要想让孩子们拥有幸福，就要让孩子们懂得分享，因为分享使幸福加倍。

1908年3月16日，88岁高龄的"提灯女神"弗洛伦斯·南丁格尔，被授予伦敦城自由奖，她是世界上第一个真正的女护士，她开创了世界的护理事业。每年的5月12日，是国际护士节，这个全世界护士的共同节日，就是为了纪念近代护理事业的创始人南丁格尔而设立的，因为这一天是弗洛伦斯·南丁格尔的生日。19世纪50年代，在英国、法国、土耳其和俄国之间进行的克里米亚战争中，英国战士的死亡率高达42%，南丁格尔主动申请，自愿担任战地护士。她率领38名护士抵达前线，竭尽全力排除各种困难，每个夜晚，她都手执风灯巡视，伤病员们亲切地称她为"提灯女神"。南丁格尔终身未嫁，她历经整个维多利亚女王时代，为护理事业贡献了一生。我们当然不能要求每个孩子都成为南丁格尔，把自己所有的快乐和幸福都贡献出去，把生命中所有的力量都分享给救死扶伤的护理事业。但倾尽全力给人温暖、予人有益、与人分享，孩子们内心的幸福就能不断加倍。

分享让更多的人拥有了快乐，也让发起分享的人更加幸福！正所谓"助人便是助己"，把自己拥有的分享给别人的时候，也会由此体验到生命的快乐和富足。

曾经看过一则有趣的报道，报道里浓墨重彩地描写了两个著名的湖泊：一个是淡水湖，被人称为加利利海；一个是咸水湖，被人称为死海。浪花飞溅的约旦河，沿着山脉一路流下，先形成了加利利海。加利利海滋养了周围的百姓，人们在它的四周盖起房屋，耕种农田，动物们在湖泽里生活嬉戏，加利利海沿岸繁荣昌盛。约旦河继续向南，形成了一个内陆湖——死海。死海沿岸，看不到绿树成荫，听不到欢声笑语，更看不到人来人往，死海因为是咸水湖，所以不能滋养生物，不能分享水源。湖泊倘若不能将自己的水源与生灵分享，便会死气沉沉，人类也莫不如此吧！

《了凡四训》里讲"舍得"，有舍才有得，你不愿意与人分享你拥有的，别人又怎么可能将自己拥有的与你分享呢？正如加利利海，分享的越多，收获才会越多，如果把自己变成了死海，那么谁又肯将自己的快乐与幸福，与你分享呢？

纵观人类的历史，其实也是一个在分享中进步的历史过程。在茹毛饮血的时代，倘若每个智人都只顾独自享用，不肯与同伴分享，那么，在猛兽来袭时，每个独立的个体都无法抵御猛兽的袭击，只能坐以待毙，人类也就不可能繁衍到今日。只有分享收获、分享力量、分享经验，才能够共同御敌、不断进步、生生不息。所以，分享是人类与生俱来的一种品质，作为文明的现代人，我们理所应当教孩子懂得分享的必要性和重要性。

在那些或多或少还保持着一些人类的原生态习俗的群体中，比如一些土著人的部落内部，分享的程度远比生活在繁华都市里的文明人要高得多。真正的幸福，绝不会在独享中增长，只有分享才会让我们的幸福

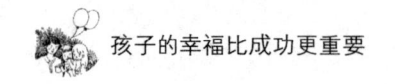

加倍。

所有伟大的人，都是懂得分享的人，因为只有懂得分享，才有可能被分享，话再说通俗一点，如果你愿意用你拥有的去交换别人拥有的，你才可能拥有更多的东西，这就是分享的现实意义。为什么说几乎所有的伟大人物，都是心怀天下的人呢？就是因为他们愿意把自己的一切与天下共享，因此才有可能名扬天下。在现实生活中，我们常常可以见到这样的人，他们尽管腰缠万贯，幸福感却很低；他们虽然物质富足，内心却苦闷无聊。这就是因为他们不懂得分享，他们无法收获丰满的幸福，所以，他们的内心并不快乐。放眼看看那些真正豁达的大富之人吧，比如昔日世界首富比尔·盖茨，再比如"股神"沃伦·巴菲特，他们都将自己的财富分享了出去，将慈善作为终生的事业。因此，他们的内心充实而幸福，他们才是真正的富人，因为他们内心的幸福，在分享中日益加倍。

对于孩子而言，分享不意味着分享金钱，而意味着分享自己所拥有的，分享自己的力量，分享自己的爱心，分享自己的关怀和善良！这些分享，会让孩子更加幸福。

第三节
有爱的孩子更幸福

对于每一个孩子来说,爱都极为重要。我们都不是仅靠吃饭、睡觉活着的,我们的内心需要温暖,真正让孩子们感受到快乐与幸福的,不是一日三餐,不是衣食住行,而是爱。

古往今来,爱是人类永恒不变的追求。父母的爱、亲人的爱,永远是孩子幸福的根源。

那么在教育的道路上,"如何爱孩子"是摆在父母面前的一道难题。

第一,家长们要放下强势,多反思。在亲子关系中,作为强势群体的父母若能在亲子冲突中多反思一下自己的责任,孩子也许就会更加体谅你的难处,更容易信任你,从而也就更乐于接受你的教诲。相反,如果父母只是高高在上、不分青红皂白地指责,只会让孩子离你越来越远。

第二,要学会鼓励孩子。家长一定要记住,一个心理受到打击的孩子必然会变成一个毫无作为的人。如果说得不到鼓励的孩子如同久旱的秧苗，那么，一些没有得到鼓励又时常受到打击的孩子，只会变成早死的枯草。因此，除了对孩子的错误给予指责，也要给他们相应的鼓励。

第三，重视孩子的失意。当一个孩子告诉父母"我感到难受""我很失望"时，粗心的父母往往会一笑了之。他们会说："小孩子嘛，能有什么失意的感受呢？""别淘气了，你没有什么可失望的。"既然成年人有失意，那么，孩子也有。因为无论年龄大小，我们都是人，只要是人，就会有不同的感受。成年人在失意的时候需要别人的帮助，难道孩子就不需要吗？当然也需要！

第四，教育孩子辩证地看待事物。如果孩子的眼睛是太阳，那么他看到的就是光明；如果孩子的眼睛是黑夜，那么他看到的就是黑暗。教育孩子看待人生和社会，一定要有辩证的思维、科学的态度，不能追求完美无缺，不能求全责备。

第五，培养孩子的自信心。自信就是相信自己的力量，相信自己的能力，相信自己的价值。自信是孩子学习成功的精神支柱，是孩子生活成功的精神支柱。在教育孩子的过程中，培养他们的自信心甚至比文化教育更为重要，许多时候，孩子学习不好，往往不是智力问题，而是自信心不足的表现。孩子的自信心不是天生就有的，而是在后天的生活实践和学习中逐渐培养起来的。

第六，将自卑的孩子引向自信。孩子的自卑心理不是天生的，而是由错误的教育方式及孩子抗挫折能力比较低造成的。当一个孩子被自卑心理所笼罩，其身心发展及交往能力将受到严重的束缚。聪明才智得不到正常的发挥时，他们往往就会开始失落，甚至感到绝望。因此，家长对孩子要多鼓励、少指责，让孩子在实践中品尝到成功的快乐，并从成功中感受到自己是有能力的、有本领的，自己并不比别人差。

第七，尊重孩子。孩子的健康成长不只体现在身体和智力上，也体现在心理上。一棵小树苗，只浇水、施肥而不见阳光就难以长成参天大树。尊重对于孩子的意义，就好比阳光对于小树苗一样。得不到尊重的孩子是无法长成父母期望中的参天大树的。

第八，帮助孩子超越自我。心中的高度影响跳的高度，教育孩子时要培养他突破自己的勇气、超越自己的能力。只要他的意志不屈服，他就有可能突破障碍、恐惧，达到自己心中的高度。

第九，专心致志是一种智慧。真正有智慧的人能纵观全局，以宏观的眼光考虑事情，也能通晓利害的关键所在，胸怀宽广，不囿于蝇头小事。让孩子专心致志地埋头于手中的事，而不为无关紧要的事情所困扰、打断，这是一种智慧，也是一种豁达。

第十，教会孩子用事实说话。成见是阻碍人们形成正确认识的大敌。准确的判断来源于对客观事实的调查，而不是主观的猜想。作为家长，应该引导孩子学会依据证据和事实说话，客观、中肯地对待周围的人和事，绝对不能心有成见。

第十一，真正了解孩子的需求。只有适合自己的才是最好的，家长教育孩子时要真正了解孩子的内心需求,知道他到底需要什么,然后再给予。千万不要盲目追求虚名,看到别人给孩子什么也跟着给自己孩子什么,很可能那并不是孩子真正需要的。

第十二,挖掘孩子的天分。当孩子产生自卑心理时,要让孩子相信自己一定可以在某一方面很出色。而事实上,每一个人,至少拥有七种基本智力方面的技能,如:数学逻辑、语言、音乐、空间、身体动觉以及两种类型的个人理解力,即我们理解别人以及处理自己的梦想、恐惧和烦恼的能力。或许孩子不喜欢写作,却可能在设计上很有天赋或者有能言善辩的口才。

第十三,不要给孩子施加过多压力。人在没有压力的时候,就能轻易地做好一件事。而被压力包围时,一件很简单的事也会被自己弄砸。因此,在教育孩子的过程中,我们不要给孩子施加过多的压力,而应让一切自然和谐地发展,并让孩子从中体会到快乐。

爱是孩子战胜困难的心理支撑。父母对孩子的爱,是孩子战胜困难的心理支撑。有了这种心理支撑,就不会使孩子感到孤单和自卑,能够给予孩子信心和力量。作为家长,应该给孩子安全感,做孩子心目中的守护者,让孩子勇敢地面对困难,在孩子需要帮助的时候成为他们的依靠。

最后,还要请家长们注意,学会表达自己对孩子的爱。被重视、被关爱是一种催人向上的重要力量,对孩子的成长尤其重要。所以,家长在教育孩子时,应该掌握爱的艺术,给孩子以尊重、信任、宽容和一种愉悦的心境。一个不懂得表达爱的家长可能会毁掉孩子美好的明天。

第四节
教孩子学会习惯幸福

很多时候，孩子们很任性，明明眼前的桌子上有很多有趣的玩具，可他们统统将其推到地板上，任性地认为自己没有一件玩具。有些自闭或抑郁的孩子甚至习惯了崩溃、寂寞和自怜，拒绝出门，坐在地板上，抱着自己的膝盖蜷缩着哭泣，把自己关进"抑郁之门"。他们习惯了悲伤，习惯了忧愁，甚至习惯了怯懦。其实，情绪也是需要习惯的，要学习赶走已经让孩子习惯了的悲伤和孤独，学习积极、开朗和热情，习惯微笑和快乐，才能逐渐习惯幸福。

快乐的情绪，不仅可以使人保持健康，帮人治愈疾病，还是人活着的最重要的感官享受。快乐的感觉积累成幸福，就会心情愉悦；悲伤和愤怒则完全相反，它们会激发体内的毒素，让身体感到难受和病痛。如果习惯了幸福，就会不自觉地放大快乐的情绪，更多地体会到愉悦和舒适；如果习惯了悲伤，就会不自觉地放大不良的情绪，甚至将自己禁锢在"悲伤牢笼"里。

俗话说，"一天笑三笑，医生要上吊"。幸福的感受，甚至能起到医药所起不到的功效，通过正常的生理反应来改善人体的生理机能。西方有句俗谚："一个丑角进城，胜过一打医生"，说的就是这个道理。一旦习惯于快乐，就会成为快乐的人。同样，习惯于幸福，就会拥有幸福。

清朝末年，有一位著名的戏剧演员王鸿寿，艺名叫"三麻子"，在舞台上塑造了许多栩栩如生的人物形象。王鸿寿尤擅扮演关羽，他塑造了一个英勇、刚毅、儒雅、肃穆的关羽，他的关羽造型成为后人扮演关羽的舞台标准。有一次，王鸿寿和他的戏班途经天津，当时正在天津编练新军的袁世凯请他去做客。王鸿寿的父亲生前和袁世凯是朋友，袁世凯出于好意，要王鸿寿别再做被人轻视的"戏子"，还封他做了守备。袁世凯以为，王鸿寿有了官职，过上了安稳的日子，一定会十分快乐，谁知恰恰相反，离开了钟爱的舞台，王鸿寿郁郁寡欢，没多久就病了。袁世凯请了医生为他诊治，药吃了不少，病却不见好。最后袁世凯终于明白，王鸿寿的幸福，只在舞台，便长叹一声，允他辞官离津。说来也怪，王鸿寿辞去官职后，重登舞台没多久，病就好了。后来王鸿寿致信袁世凯，说自己演了一辈子戏，只有演戏的时候才是心里真正高兴的时候，演完戏，下了台，想起这一天在舞台上的进步，就会开心愉快，就什么病都没有了。可见，幸福的确可以帮人摆脱疾病，恢复健康。

中医认为，人之所以生病，是被七情六欲所伤，《黄帝内经》有云：怒伤肝，喜伤心，忧伤肺，思伤脾，恐伤肾，百病皆生于气。所以，家长一定要教孩子养成平和的心态，习惯幸福，经常使自己拥有快乐的心情、愉悦的情绪，那么孩子的身体才不容易出问题，身体好，情绪也就更好，幸福自然就会更丰满。如果孩子习惯了幸福，生活就会出现幸福的多米诺骨牌效应，第一块不快乐的骨牌倒下了，接着悲伤、无奈、苦楚、愤怒的骨牌都会迅速随之倒下，剩下的，就是填满身心的幸福。

无论什么样的孩子，都可以在自己心中栽一棵叫作"幸福"的树，只要孩子学会了习惯幸福，学会了每天浇灌幸福，才有可能拥有美好的未来。

当年，哥伦布和麦哲伦，以及其他的航海家在挑选船员时，都特别注意选择那些能唱爱跳、性格开朗的船员，原因就是，在茫茫大海上长时间航行，如果没有习惯幸福的人唱歌跳舞、热情欢笑，船员们就会气势消沉、压力巨大。所以，人们都喜欢习惯幸福的人，都不喜欢爱抱怨的人。在纽约，一家大型百货商场的人事经理招聘雇员时,就这样说:"我宁愿雇用一位小学毕业,但却有着可爱笑容的女店员,也不愿雇用一位整天板着脸的哲学博士。"

一旦成为习惯幸福的人,幸福的阳光就会眷顾你。

在1972年的慕尼黑奥运会上,当时年仅16岁的联邦德国女子跳高选手迈法特,用新型的背越式技术越过了1.92米的高度,获得女子跳高金牌,成为田径史上获得奥运会金牌最年轻的选手。从此,人们称她为"金童"迈法特。一时间,她攀上胜利的巅峰。然而,在奥运会上一举成名之后,由于心理负担过重,外界干扰过多,迈法特的成绩开始直线下滑。1976年,她甚至都没有获得奥运会的参赛资格。忧伤、悲郁笼罩了迈法特,很多人预言,早熟必然带来早衰,迈法特的运动生涯已经结束。

后来,为了摆脱困境,迈法特去看了心理医生,心理医生告诉她:"你首先应该想到,自己其实是非常幸福的,在其他人还是中学生的时候,你已经成了世界闻名的人物。"医生先让迈法特尝试着恢复自己那曾被众多粉丝称道的快乐的"金童"式笑容,然后不断勉励她恢复快乐的心态,并暗示她,只要她在心中承认自己的幸福,习惯于自己的幸福,定会东山再起!

奇迹终于出现,迈法特在恢复了快乐的心态之后,师从著名教练欧森贝格,重新开始了运动生涯。1984年,28岁的迈法特出现在美国洛杉矶奥运会的赛场上,她以2.02米的成绩打破了奥运会女子跳高纪录,获得了人生的第二块金牌。迈法特创造了奥运会历史上空前绝后的运动员复出奇迹,被人们称为"奥运英雄"。

告诉孩子们英国作家萨克雷的那句话:"生活就像一面镜子,你对它笑,它也对你笑;你对它哭,它也对你哭。"要学会习惯幸福,幸福就在身边!

第七章
凡事皆有美意

第一节
不经历苦难怎么见彩虹

过年了,我们会祝福亲朋好友万事顺利、吉祥如意;朋友出远门了,我们会祝福他们一路顺风、天遂人愿;长辈大寿,我们会祝福他寿比南山、无病无灾……我们总爱祝福亲人朋友"一帆风顺""万事顺心"等等。但是,有几个人的一生会真的"一帆风顺""万事顺心"呢?

古人总是感慨"人生无常""世事多坎坷""人有悲欢离合,月有阴晴圆缺"……悲欢离合、生老病死都是人生常态,对每个人来说,用什么样的心态面对这些凄苦之事才是最关键的。有的人心态很好,遇事乐观积极,那他们面对挫折时也不会有什么难处;有的人悲观消极,所以他们面对人生的磨难时,就会格外煎熬。

就算人的一生真的一帆风顺,那对他也没有太大的意义,因为除了顺利之外,他无法体会其他的感觉。其实,磨难也是一种生活经验。不经历苦难,孩子就无法真正长大,经历的越多,孩子就会越成熟。所以,一定要让孩子们意识到，遇到苦难不需要惧怕，更不需要灰心，未来的路还很长，继续向前走便是了。苦难会带给自己很多的历练和启示，可以帮助孩子在下一次面对苦难时迅速振作起来，有助于孩子的成长，有助于孩子走好今后的道路。

在古希腊神话中，盖亚是大地之母。她掌管农业，教会了人类耕种。有一天，盖亚在天神宫殿里待得有些无聊，一时心血来潮，她决定去人间视察一番。来到自己一手创造的土地上，盖亚漫步其中，看到农田里的麦子生机盎然，她十分开心。因为距离盖亚教人类耕种已经很多年了，所以她以为自己不会被认出来。可是，一个正在麦田里劳作的农夫，轻易地就认出了大地之母。农夫走上前给盖亚磕头，说：“伟大的大地之母啊！您终于出现了！过去的50年，我每天都在祷告，祈祷您有一天能降临，您终于来了！"

盖亚说：“祈祷了50年，你如此虔诚，到底在祈求什么呢？"

“我一直在祈求风调雨顺，祈祷今年没有大风雨，不要下雪，不要地震，不要干旱，没有冰雹，没有虫害。可是，无论我怎么祈祷，总是不能如愿。"农夫说。

盖亚对他说：“我创造了大地，创造了各种作物，但是，其他的神也创造了风雨、干旱、鸟雀和蝗虫，这个世界本来就不会如人所愿的啊！"

农夫又一次跪下来，亲吻盖亚的脚，祈求道："万能的大地之母啊！能不能在明年允诺我的请求。只要一年的时间就好，没有风，没有雨，没有烈日与灾害，可不可以就满足我这一次？"

盖亚说："好吧，明年一切皆会如你所愿。"

第二年，农夫的田地真的没有任何狂风、暴雨、烈日与灾害，麦穗也比往年多了一倍，农夫高兴极了，欢喜地等待着收获的时刻。

到了收割的那一天，奇怪的事情发生了，农夫的麦穗里居然没有结出一粒麦子。

农夫找到了盖亚，问道："仁慈的大地之母，请告诉我这是怎么回事，是不是哪个地方出了差错？"

盖亚说："任何地方都没有出现差错。我说服了别的天神，请他们不要给你的田地施加考验。可是，你要知道，如果避开了所有的考验，麦子就会变得无能。对一粒麦子来说，风雨是必要的，烈日是必要的，蝗虫也是必要的，它们可以唤醒麦子内在的灵魂。人的灵魂也跟麦子的灵魂一样，如果没有经过任何考验，人也只不过是一个空壳罢了。"

没错，人的灵魂也跟麦子的灵魂一样，风雨是必要的，烈日是必要的，蝗虫也是必要的，这样才可以唤醒内在的灵魂。一帆风顺的优越环境并不是什么好事，只能培养出一个平庸的灵魂；一帆风顺的人生不是真正的人生，更不是幸福的人生。

固然，孩子们一帆风顺、事事成功是我们所向往的，但是，在这个充满矛盾的世界里，它只不过是我们主观上的良好愿望罢了。大多数情况下，孩子们还是要面对现实，面对人生。但只要孩子们相信凡事皆有美意，幸福就不会擦肩而过。

1805年4月2日，在丹麦菲英岛欧登塞的贫民区里，一个男婴出生在一张由棺材板拼成的床上。他哭得很响亮，就像在抗议上帝将天使贬谪到人间。教士连忙安慰惶恐的母亲，对她说："小时候哭声越响亮，长大以后歌声就越动听。"果然，许多年后，这个天使用他那夜莺般的歌喉向全世界献唱。就算是圣诞老人，也不会比他更有名气。他就是那个叫汉斯·克里斯蒂安·安徒生的人。

安徒生的父亲是个穷鞋匠，在安徒生11岁时就病故了。他的母亲是一名洗衣工，后来因为忍受不了贫穷而改嫁。安徒生从小就受尽贫困的折磨，先后在几家店铺里做学徒，从来没受过正规教育。少年时代，他就对舞台产生兴趣，梦想当一名歌唱家、演员和剧作家。1819年，他进入哥本哈根皇家剧院，成了一名小配角，后因嗓子失声被解雇。从那时起，安徒生开始学习写作，但由于他写的剧本根本不适合演出，所以没有被剧院采用。1829年，努力写作了10年的安徒生终于发表了自己的第一部作品。从那时起便一发不可收拾，最终成为闻名世界的童话大师。

安徒生一生未婚，1875年8月4日，安徒生在他的好友梅尔彻位于哥本哈根的宅邸中病逝。他的一生无疑是充满磨难的一生，但谁又能否定，不是这些磨难造就了一代童话大师呢？至今，安徒生的童话作品仍在世界的各个角落畅销不衰，给一代又一代的孩子们带去无尽的快乐。安徒生，这位伟大的童话大师，将自己一生所遭遇的困苦统统转化成为养分，滋养一代又一代人。

没有一帆风顺的人生，在任何一条通向成功的道路上，都布满了数不清的荆棘，都充满艰难、困苦、辛酸与煎熬。世界并不是十全十美的，就算有人能一帆风顺地走完人生的漫漫长路，最终也会不甘于生活的平淡。每一个日出日落、寒来暑往都相同，没有什么差别；一切的欢笑、泪水也相同，没有辉煌之处。试问：浑然不知地穿梭在每一个平凡的日子里，何尝不是一种沉重的悲哀呢？

所以，一帆风顺并不是幸福，即便我们的孩子平凡得像一束远方的微光、一棵小草、一滴晨露，但他们平凡的人生却处处透露出光彩和旖旎。苦难不仅磨炼了他们，也塑造了他们，他们最终必将破茧成蝶，成功地超越自我。

正是因为有了重重的苦难，人生的舞台才变得多姿多彩。

第二节
幸福总会慢半拍

这是一个速食时代，很多属于孩子们的快乐都被速食蚕食掉了，一家人环坐一桌慢悠悠吃一顿饭的乐趣越来越少了，爸爸、妈妈带着孩子在野外、在公园里抬头数星星的乐趣几乎消失了，一群孩子在野地里疯跑的乐趣不见踪迹，一个孩子手持长杆到处粘知了的乐趣也不见了……取而代之的是方便面、盒饭、电脑、手机……快餐文化充斥着孩子们的生活。正如米兰·昆德拉在他的小说《慢》中所言："慢的乐趣怎么失传了呢？啊，古时候闲荡的人到哪儿去啦？民歌小调中的游手好闲的英雄，这些漫游各地磨坊、在露天过夜的流浪汉都到哪儿去啦？他们随着乡间小道、草原、林间的空地和大自然一起消失了吗？"那些我们这一代人或者孩子的爷爷、奶奶们小时候曾经经历过的"慢"的幸福，都被时代吞没了，都被我们忽略了。

身边有太多忙碌的父母，手握电话语速急促，情绪紧张，反应迅速；孩子们找父母说话，父母不是盯着手机心不在焉，就是急躁地训斥责备；

老师布置了寒假作业，请家长带孩子去自然博物馆，可家长们的日程表好像永远都是满满当当的，挤不出时间；偶尔几个家长碰面，各个面带倦容，略带笑意无奈地说："最近忙，忙得不可开交，都没时间管孩子。"的确，家长们很忙，他们忙着工作，忙着生活，忙着现在和未来，"忙"得焦头烂额。于是，孩子跟家长之间的交流和互动越来越少，孩子的休息时间就是上各种补习班、兴趣班和网课，抽空就玩儿平板电脑。那么幸福感呢？看起来每个人都很"忙碌"，但是内心的幸福感却越来缺少。

其实，很多时候，如果可以慢下来，一下午什么也不做，也不看手机，就陪孩子聊聊天，逛逛自然博物馆，逛逛公园，"偷得浮生半日闲"，幸福就会悄然降临。幸福总会慢半拍，慢下来，更幸福。

那么，如何慢下来，享受"慢"的幸福呢？

首先，家长们不必做完美主义者，也不必要求孩子做完美主义者。很多事情可以不着急做，比如孩子凌乱的书桌，就让它先乱着吧，不必要求它随时保持整洁；再比如孩子的作业，不一定下学后第一时间就必须做作业，趁着天还亮，不如约几个同学去公园里跑一跑，让孩子们舒展一下在课桌前坐了一天的身体。对于家长来说，那些未完成的工作尽量不要带回家来做，那些主要工作之外的琐事，如果没有时间，就让它靠边站。生活中，可做可不做的事情都可以先不做，把最好的精力和最好的心情留给最重要的人——我们的孩子。

其次，不要为了"忙"而忙，有的家长把忙当作一种需要，一种心理慰藉，甚至忙上了"瘾"，并且要求孩子也忙起来。对于缺乏自信的人而言，忙碌带来的成就感容易让人陶醉，这就是为什么一些人不舍得让自己慢下来，也不舍得让孩子慢下来的主要原因。忙碌的确能够给人充实感，然而这些只不过是生活中的一部分，每个人都是一个完整的个体，除了忙碌之外，还需要休息，需要调整，甚至需要空白和发呆，孩子也一样。人体就像一部机器，高速运转带来的温度能够让机器灼热，也同样能够加速机器的磨损。

过度忙碌会消除幸福感。根据医学脑内神经学原理，忙上瘾跟人脑内的"奖赏系统"有关。如同运动产生快乐素一样，当忙碌使脑内的分泌紊乱，分泌某种令人兴奋的物质后，就会因为愉悦而倾向于不断忙碌。如果忙到不能自控，强迫自己去忙碌，那么就是病态的忙上"瘾"了。这个时候，为了未来的幸福，就需要进行心理调适，控制自己的忙"瘾"了。

再次，别用忙碌取代了温暖的情感，驱赶了内心的幸福。家长每日忙得昏天黑地，忙着工作，忙着进步，孩子每天手忙脚乱，丢三落四。很多时候，忙碌使人忽略了内心的召唤，忽略了亲情，情感在忙碌中被淡忘，被冷漠。如果能够把一些不必要的忙碌剔除，拿出时间来陪陪孩子，也许只需要教孩子做一顿饭，教孩子学会使用洗衣机，陪孩子打一次雪仗，就能够让彼此感到幸福愉快。

道理讲了那么多，还是让我们和孩子们一起做一个小测试，看看我们有没有忙上瘾吧！

如果以下测试中,你和孩子回答"是"的问题超过两个,那就说明你和孩子都可能已经对忙碌产生依赖,急需放慢脚步,享受幸福了。

1. 如果度假时间超过两天,你就会觉得心烦意乱;

2. 原本全家人一起看电视的晚上,你缩在床上拿着各大商场的优惠券上网搜罗各种促销咨询,孩子拿着平板电脑躺在沙发上上网课;

3. 孩子的同学一家来家里做客,作为家长的你就翻出家庭相簿绞尽脑汁地考虑如何将其编辑成很有水准的家庭宣传册;

4. 想不起来上次一家人一起吃早餐是在什么时候;

5. 想不起来上次一家人一起吃晚餐是在什么时候;

6. 你匆匆游走于超市的各个货架,完全按照事先列好的清单购物,很少考虑别的东西,即便孩子在一旁央求,也不肯买任何计划外的物品;

7. 你把睡前浏览明日日程安排表视为一种放松;

8. 如果不在纸上记录明天的工作和生活计划,你铁定会忘记一部分;

9. 孩子生日的时候别人送给孩子的一只电话手表,至今还被原封不动地放在盒子里,因为你根本没时间帮孩子测试使用;

10. 你的处事原则是:你可以打电话跟医生做预约或者带孩子上足球课,但却不肯把时间用在陪孩子散步或者玩耍上。

好了,现在,告诉我你的答案,带孩子一起慢半拍。放慢速度,将做事、说话的速度慢下来,让思维放松。不是要你带孩子忘记工作、忘记生活,而是要你更加顾及孩子,更加享受生活。不要再坚持日程表式的忙碌生活了,让我们和孩子一起享受慢的乐趣,走向慢半拍的幸福生活。

第三节
所有的苦难都会变成人生的财富

苦与乐其实是可以相互转换的,那些生命中令人痛苦的事情,往往都能变成最大的财富。所有的苦难最后都会变成人生的财富,人活着一定要积极、乐观、自信、勤奋、诚实、守信、坚定、谦虚、谨慎和收敛。家长们一定要告诉孩子,不要抱怨生活不公,不要哀叹人生苦难,正所谓"良药苦口利于病,忠言逆耳利于行",痛苦就是那苦口的良药、逆耳的忠言,虽然经历的时候苦不堪言,但于病于行都是有利的,最终都会转换成巨大的财富。只有拥有这样的心态,才能够拥有幸福。

春秋时期,越王勾践卧薪尝胆、受尽屈辱,不可说不苦,可他最终成就了越国的霸业;匡衡家境贫寒,连灯油都买不起,只能凿壁借光读书,不可说不苦,可他不屈不挠,最终成为大学问家。秋天树叶飘落,可以算是树之痛苦、叶之痛苦,然而,

第七章 凡事皆有美意

树叶飘落之后却化作了养分，为树的生存提供了力量；蚌含沙数年，可以称为痛苦，但是，历经苦楚之后却能孕育出珍珠……所以孟子曰："故天降大任于是人也，必先苦其心志，劳其筋骨，饿其体肤，空乏其身，行拂乱其所为，所以动心忍性，增益其所不能。"所有经历过的痛苦，最终都会为孩子的成功和幸福添砖加瓦。

有一次，悉尼大学为学生们举办了一次演讲，演讲者是一位衣着朴素、脸上始终挂着微笑的老人，人们叫他杰米。老人对学生们说："30年前，我还是一个电机厂的经理，后来工厂破产，我也被法庭传唤。在法院宣布工厂破产那天，我的妻子跟我办理了离婚手续，带着儿子离开了我。"这样的经历，也许会击垮很多人，但杰米却挺过来了。破产之后，杰米孤苦一人，曾一度睡在悉尼的地铁入口旁。为了生存下去，杰米开始靠捡废品谋生。当他每次背着一大袋空可乐瓶去卖的时候，总会遇到一些熟悉的面孔，偶尔还会被那些以前的朋友冷嘲热讽。现在的杰米，已经成为澳洲首富之一，是一个著名财团的领导者，是澳洲的工业巨子，个人财富多达七八十亿。回顾自己的成功之路，杰米说："如果没有那一次破产的打击，我永远不会意识到，自己还有那么多需要学习的地方，比如怎样面对打击和痛苦，怎样明确自己的奋斗目标,怎样利用好每一分钱……"最后,杰米告诉学生们:"虽然每个人都不愿意遭遇痛苦和失败,但当痛苦和失败来临时,千万不要因此而绝望。因为,痛苦和失败同样是一笔宝贵的财富,它们可以帮我们创造更多的财富。"

杰米是一个聪明的人,他敢于直面痛苦的过去,并将痛苦转化为新生的经验和动力。列宁曾说:"如果忘记过去,那就意味着背叛!"这句话并不是让我们沉迷于过去的失败和痛苦,而是让我们挖掘自己灵魂深处的激励因素,以便使自己的灵魂在新的战斗和努力中得到升华。

俗话说:"大背之后必有大兴,大落之后必有大起。"既然已经跌至人生的谷底,那就已经没有什么好怕的了,此时如果能重整旗鼓、触底反弹,跳的必定比上一次更高、更远。人们常说:"不经历风雨,怎能见彩虹?"古往今来,在无数成功的背后,我们都可以窥见种种难以言喻的痛苦和失败。"文王拘而演《周易》;仲尼厄而作《春秋》;屈原放逐,乃赋《离骚》;……不韦迁蜀,世传《吕览》;韩非囚秦,《说难》《孤愤》……"他们要么身陷囹圄,要么忍受大辱,这些痛苦绝不是常人能够忍受的,然而,他们却挺了过来。经历千辛万苦之后,终于完成了人生的蜕变,为自己树起了一座永不磨灭的丰碑。

痛苦不仅不会阻止我们前进的步伐,相反,它还会激励我们的斗志、激发我们的潜力、磨炼我们的意志，让我们因此变得更加坚强，更加完善。纵观历史，一切的丰功伟绩，所有的辉煌事业，都是经过重重磨难后取得的。假如没有这些痛苦的考验，就不会有卓越的人物和不朽的功勋。事实证明，那些最痛苦的经历，往往能孕育出最伟大的成就。

据说，树木受过伤的部位，通常会变成树木最硬的地方。孩子的成长过程也是如此，只有经历过生活的伤痛和苦难，才能磨砺出坚韧的个性。年少时的苦难大多可以磨砺出卓越的性情，而这样的性情，则能帮助一个人在其后的人生中走向辉煌。

南非前总统曼德拉，也曾经有过年少轻狂的时候。早年，因为反对种族隔离制度，他一度被捕入狱。在那个荒凉的小岛上，他被关押了足足27年，过着与世隔绝的监禁生活。3名看守无所事事，总是想尽一切办法来折磨羞辱他。狭小、阴暗的牢房，不知何时才能自由的绝望……所有的一切痛苦，都没有将曼德拉逼上绝路。相反，正是这段漫长乏味的监狱生活，才使曼德拉拥有充足的时间来思考。利用那段时间，他对自己的性格、行为进行了深刻反思，对国家和人民的未来进行了更细致、更全面的考虑。在那段岁月里，他经历了最痛苦的事情，但是他也积累下了最大的财富。

经过极其漫长的牢狱之灾和看守们的各种折磨，曼德拉的意志比任何时候都要坚定，同时他也懂得了如何掌控自己的情绪，成功地克服了性格中的弱点。最终，迫于国内外舆论压力，南非当局在1990年2月11日宣布：无条件释放曼德拉。同年3月，曼德拉被非国大全国执委任命为副主席、代行主席职务。1991年7月，他当选为主席。1994年4月，在南非首次不分种族的大选中，非国大在曼德拉的带领下获胜。同年5月，曼德拉就任总统一职，成为南非第一位黑人总统。

27年的牢狱之灾，换作任何人，恐怕都难以忍受，更别说在监狱里能够冷静思考、改变性格了。可曼德拉做到了，他在监狱里得到了让自己终身受益的财富。在不同人眼里，逆境和痛苦有着不同的价值。对于痛苦、艰难、逆境、失败，每个人都有自己的看法和理解，最关键的是当事人自己要把最痛苦的经历转换成最大的财富。

《庄子》里记录了这样一个小故事：

庄子和惠施一起在濠水桥上散步，庄子随口说："河里那些鱼儿游得那么从容自在，它们真的很快乐啊！"听庄子如此说，一旁的惠施问道："你又不是鱼，怎么会知道鱼是否快乐呢？"庄子答道："你又不是我，哪里知道我不了解鱼的快乐呢？"惠施答道："我不是你，自然无法了解你；

可你也不是鱼，一定也无法了解鱼的快乐！"

傅雷曾说："不经劫难磨炼的超脱是轻佻的。"这句话很是深刻，一个人不经历痛苦，自然不会在痛苦的体验中丰富自己的人生阅历，也不可能在人生旅途中积累宝贵的经验。痛苦是一笔宝贵的人生财富，它让孩子们变得更强大，也让孩子们与幸福结缘。

第四节
坏到最后，都会转好

除去幸福头上那块曼妙的纱巾之后，真实的幸福来之不易，那么，我们究竟怎样让孩子感受到经历麻烦、痛苦、不幸之后的幸福呢？在痛苦的事情过后，我们又怎样引导孩子们去迎接幸福呢？作为家长，我们一定要让孩子们牢记：坏到最后，都会转好！

事物之间是相互转化的关系，好的能转化为坏的，坏的也可能转化为好的。同样一件事情，不同的人提出的意见也不同。最坏能坏到什么程度呢？最坏不过就是一无所有、从头再来。我们要教育孩子，在挫折面前，仅仅是态度上的接受还不够，还要想一想自己可以做些什么。坏到最后只能往好的方向发展，这并不意味着遇到挫折就要坐以待毙，而是说应该积极地有所行动，努力地将"坏"转为"好"，积极努力地去迎接幸福。

人生在世不可能事事如意，前进的路上总会出现或大或小的挫折。如果遇到挫折后，我们将它不断放大，痛苦就会如泰山压顶一般；如果能以一种坦然的心态和博大的胸怀对待它，坚信"坏到最后，都会转好"，就算面临再大的挫折，也会觉得它是那么的微不足道。

十几年前，台湾有一个著名的化妆师，他叫梅林，一度成为台湾造型界的代表人物。无数大牌女星纷纷追在他的后面，争着抢着让梅林给她们化妆、做造型。梅林那双手就像被施了魔法一般，可以让那些女星们美艳动人。当时的梅林，风头无人可及。

将镜头拉回到那段风光无限的岁月，在林青霞的脸上，人们能看到梅林的曼妙；在王祖贤的身上，人们能嗅出梅林的品味。"梅林"这两个字就是一块金字招牌，大牌女星换了一茬又一茬，造型师梅林却一枝独秀。就在梅林漫步云端，享受掌声和鲜花的时候，他苦心经营的婚纱店却遭遇火灾。那场火不仅造成人员伤亡，还将梅林不可一世的傲气烧得一点不剩。心灰意冷的梅林，放弃台湾的一切，独自去了纽约。那时的他，不知道自己能否重新站起来，只是想找一个陌生的地方疗伤，静静地舔舐自己的伤口。

到纽约后，梅林起了个英文名字，他称自己为"Ling"，翻译成中文后并不是"林"，而是"零"。梅林说："之所以给自己起这个名字，是因为我觉得，自己当时的处境已经坏到不能再坏了，一切都得从零开始。"

美国人做事只认证件，就算梅林这样的人才，如果没有证件在手，连助理都做不了。于是，梅林一切从零开始，他当起了普通的洗车工。提起那段岁月，梅林说："我将帽子压得低低的，就怕被人认出来。"在洗车行业，墨西哥人居多，梅林不太习惯跟那些没上过学的墨西哥洗车工混在一起，于是开始寻找新的出路。他转行了，虽然新行业算不上正规职业，只是帮有钱人遛狗而已，但梅林却没有丝毫的懈怠。在纽约飘着细雪的冷风中，他努力赚取一小时7美元的外快。在遛狗的同时，他也不忘积极寻觅新的工作。

一个偶然的机会，梅林得到一份发廊的工作，虽然只是帮客人洗洗头，但梅林还是很开心，毕竟又一次接近了自己曾经热爱的行业。梅林格外珍惜这份工作，他用心对待每一位客人，一个月过去了，很多客人再一次来到发廊，并且指明要梅林给他们洗头。梅林想在纽约东山再起，但他又不想凭借自己在台湾创下的名气，他打算用自己的双手重新建立一个属于自己的"王朝"。对一个年过40岁、曾经经历过人生巅峰的男人来讲，要想做到沉下心从头再来，确实是难上加难。然而，迎难而上的梅林最终做到了。

经过10多年的打拼，梅林再次回归了台湾的时尚界，并且得到华语歌坛天后张清芳的力挺。陪着被台湾唱片界誉为"东方不败"的传奇女歌手张清芳，梅林参加了台湾收视率第一的综艺节目《康熙来了》。10多年前，张清芳曾风靡亚洲，那时她只让梅林给自己化妆。后来，梅林离开台湾去了纽约，张清芳也淡出歌坛嫁做人妇。如今，梅林归来，张清芳也复出歌坛，她还是点名让梅林为她化妆。张清芳笑着说："如果梅林不回来，我真的不会选择复出，是梅林让我有勇气再次走出来，唱歌给大家听！"

因为经历过事业的巅峰和人生的谷底，所以梅林将一切都看得很淡，他的人生也走得更稳健、更平易近人。对梅林来说，"做造型"就是他每天的生活。梅林说："我能屈能伸，我比以前更努力。"

"美妆大师"梅林的故事感动了很多人，最难得的是，面对挫折时他那不屈不挠的决心，还有"坏到最后，都会转好"的积极心态。

其实，光鲜亮丽的幸福背后，都隐藏着几许不为人知的曲折与艰辛。作为家长，我们真的没有必要感叹别人的孩子如何如何，更没有必要否定自己的孩子。一无所有的时候，往往就是好的开始，就是幸福的前奏。

美国著名的推理小说之父范·达因，因创作《菲洛·万斯探案集》而一夜成名。他出身平凡人家，大学毕业后，雄心勃勃的范·达因想成为海明威那样的大文学家。可是，几年过去了，虽然也在报纸、杂志上发表了不少文章，但一直没有在社会上引起什么反响。范·达因因此陷入低迷，他开始怀疑自己的能力。这个时候，他供职的杂志社的老板，又因为心存芥蒂而炒了他的鱿鱼。生活窘迫的范·达因，为了生存不得不四处求职，可是工作始终没着落，日子过得越来越贫困潦倒。

俗话说："屋漏偏遭连夜雨，船迟又遇打头风。"在这时候，一场灾难骤然降临：范·达因患上一种短期内无法治愈的怪病，必须长期住院观察。接二连三的打击，让范·达因几乎陷入绝望，他感到自己的人生被画上了一个句号，已经没有任何突围的可能。日子一天天过去，范·达因的病情丝毫不见好转。他整天躺在病床上，无所事事。为了缓解内心的苦闷，为了打发无聊的住院时光，范·达因开始读推理小说。

两年后，范·达因终于病愈出院。这期间，他竟不知不觉地读了 2000 多册推理小说。可能是潜移默化，也可能是造化弄人，范·达因已经喜欢上了推理小说，并且决定尝试动笔创作推理小说。结果，范·达因凭借《菲洛·万斯探案集》一鸣惊人，走红文坛，成为一代文学巨匠。

逆境和挫折往往会让人伤痕累累、心灰意冷，然而，每当坏到最后，也通常被迫点燃了心中潜伏的力量，从而引燃身体里熄灭的火种。坏到最后并不可怕，只要我们能引导孩子化挫折为动力，就一定可以使他们脱胎换骨、破茧成蝶、渐入佳境，走向绚丽多彩的人生。

人的一生不会总是一帆风顺，也不会一直逆境重重，往往既有谷底又有巅峰。只有经历过从巅峰跌至谷底、从谷底攀至巅峰的人，才能够学会从容与坦然。人生的谷底，是每个人都会经过的驿站。请教孩子们记住，"坏到最后，都会转好"，美好的风景就在前方不远处。

人生的谷底并不代表人生的终点，它只是让人更清醒地认识世界、认识自己。人生的谷底仅仅是审视生活的另一个角度，在谷底，需要的并不是缅怀过去、哀怨人生，而是静下心来、思考未来的方向。人生的谷底又是积蓄力量的时机，绝地而生，它让成功者更加心平气和，让成功的步伐更加稳健。假如孩子遭遇了谷底，应引导孩子感谢已经"坏到了最后"，因为以后不会比现在更糟糕，只能转好。

人生犹如一座座山峰，既然是山峰，就会有峰巅和山脚，现在站在山脚并不意味着永远站在山脚，因为峰巅和山脚是交错出现的，同样，人的一生也会出现无数巅峰和谷底，当孩子站在人生某个阶段的谷底时，一定要鼓励他们不要气馁。正所谓"北海虽赊，扶摇可接；东隅已逝，桑榆非晚"，只要相信，"坏到最后，都会转好"，幸福便已近在咫尺。

第八章 幸福也有法则

第一节
不同的孩子有不同的幸福法则

写到这里,关于幸福的来源和方法已经说得差不多了,作为家长,一定要引导孩子们发现身边的幸福,在孩子的心里种植幸福。然而,不同的孩子有不同的幸福法则,根据心理学家的研究,人的气质类型主要有多血质、胆汁质、黏液质、抑郁质四种,每个人都有自己的气质类型,幸福也就根据不同的气质类型有所不同。正所谓"他之蜜糖,你之毒药",别家孩子的幸福放在你家孩子身上,可能就成了束缚;而你家孩子的幸福放在别家孩子身上,可能就成了苦闷。所以,我们一定要根据孩子的气质类型,来打造属于他们的幸福。

早在公元前5世纪,古希腊医生希波克拉底就提出,人体内有四种体液,分别是血液、黏液、黄胆汁、黑胆汁。对每个人来说,每种体液所占比例都不尽相同,这就决定了人与人之间的气质差异。其中,血液含量占优势的人属于多血质,黏液含量占优势的人属于黏液质,黄胆汁含量占优势的人属于胆汁质，黑胆汁含量占优势的人属于抑郁质，于是就形成了以下四种不同的气质类型：多血质、胆汁质、黏液质和抑郁质。

多血质，又被称为活泼型，神经活动强而均衡的灵活型气质。这种气质类型的人热情、有能力，适应性强，热衷于交际，精神愉快、机智灵活，注意力容易转移，情绪容易改变，做事注重兴趣，富于幻想，不喜欢做耐心细致的工作。

虽然大多数多血质的人活泼好动、敏感、反应快、善于沟通、有同情心、思想灵活，但他们注意力容易转移、情绪变化无常、粗枝大叶、浮躁、做事有始无终。所以，他们适合做一些对反应速度要求比较高、对耐力要求比较低的工作。

多血质的人比较容易感受到幸福，因为他们思维敏捷，对新鲜事物接受较快，情绪和情感产生较快，然而他们的幸福很难持久，他们情绪变化快，凡事体会不够深刻。

如果你的孩子是多血质类型，那么为了使孩子能够更多地收获幸福，不妨让孩子多动一动，多和小朋友们一起玩耍，在社交环境中，这样的孩子不仅不会感到拘束，反而格外精力充沛、专注愉悦。多血质的孩子能迅速把握新鲜事物，在有充分自制能力和纪律性的前提下，能积极、主动地学习新鲜知识。不过一旦学习不顺利，生活不开心，热情就会迅速下降，幸福感也会暂时隐匿。

所以，多血质的孩子不妨多从事一些多样化的学习，比如学习表演、主持、演讲等，他们喜欢不断接触新鲜事物，这样才会感受到更多的新鲜和满足，幸福感也会更多一些。

胆汁质，又被称为不可遏止型或战斗型，是神经活动强而不均衡的气质类型。胆汁质的孩子兴奋度高，脾气暴躁，性情直率，精力充沛，能以很高的热情投入学习。兴奋时，他们有决心克服一切困难；厌烦时，他们的情绪又会一落千丈。所以胆汁质的孩子兴奋而热烈，感受性低，耐受性高，敏捷性、可塑性都较强；他们反应速度快，但不够灵活；他们兴奋度高，自控能力较差。

如果孩子属于胆汁质的气质类型，十之八九精力旺盛、不易疲倦、容易冲动，心境变化剧烈，性情急躁不善自控。胆汁质的男孩大多敏捷、热情、坚毅，情绪强烈，自制性差；胆汁质的女孩大多热情能干、精力充沛、积极主动、思维敏捷，感情用事，不善思考。

所以，对于胆汁质的孩子来说，幸福就像一阵风，清风拂面的时候开心快乐，情绪激动，暴躁有力，坚韧不拔；风吹过之后，就会感觉疲惫不堪、精力耗尽、不能自制。所以，胆汁质孩子的幸福具有明显的周期性，心情愉快时埋头学习，有决心克服一切困难；心情低落时信心全无、斗志全消，怠惰消沉。

因此，胆汁质的孩子要想收获更多的幸福，不妨多进行体育运动，学习医学，常去探险，还可以经常参与一些充满挑战性、新鲜感、时效性的学习和游戏，这样会让胆汁质的孩子感受到更多的快乐和幸福。

说完了多血质和胆汁质，就轮到安静的黏液质了，黏液质的孩子神经活动强而均衡，平静、克制、忍让、持重，生活有规律，不会为无关的事情分心。所以，很多黏液质的孩子学习都不错，他们埋头学习、专注力持久、严肃认真，虽然不够灵活，却能够长久地专注于学习。

黏液质的孩子一般态度持重、交际适度、情绪稳定，既不会轻易发脾气，也不会随便流露自己的感情，自制力极强，能力也极佳。所以，只要能够坚持不懈、有条不紊地学习下去，就会有所成就。不足之处就是遇事不够灵活，不善于转移注意力，固执有余，灵活不足。

所以，对于黏液质的孩子来说，幸福就是一个积累的过程，在安静、沉默和自律的岁月里，不断努力、辛勤学习，幸福来得缓慢而沉着。在严格恪守的既定学习秩序中，幸福一点点浸润心灵。对于别的孩子来说，单调寂寞、乏味刻板、千篇一律的学习让人抓狂，而对于黏液质的孩子来说，喧嚣热闹、眼花缭乱的社交场合才令人惆怅。所以，黏液质孩子的幸福就藏在宁静的岁月里，只不过很多时候，它会姗姗来迟。

因此，如果想让黏液质的孩子拥有更多的幸福，不妨学习数学、计算、医学、法律、管理、教育，或是播音、美术、艺术等需要耐心、细心、恒心的技能，这样最能给黏液质的孩子带来持久的幸福。

最后，就是抑郁质，抑郁质是神经活动比较弱的气质类型，兴奋和抑郁的过程都缓慢和迟钝。所以，抑郁质的孩子沉静而孤僻、踏实而敏感、反应比较迟钝，容易受到挫折，而且优柔寡断，疲劳不易缓解。因此，抑郁质的孩子大都不太合群、腼腆内向、多愁善感、行动迟缓、优柔寡断。

抑郁质的孩子常常感到孤独、犹豫、无助，所以，他们的幸福常常遍寻不见。没关系，鼓励抑郁质的孩子打开心扉，多和不同类型的孩子交往，他们会逐渐发现身边那些幸福的细节，会发现幸福就像狗尾巴，一直跟随在身后。

因此，抑郁质的孩子要想收获更多的幸福，不妨去学习设计、漫画、计算、文学创作等不需要和太多人打交道的工作，这样，他们的内心就会平静，幸福就会降临。

这四种气质类型，并没有好坏之分，无论孩子是哪一种气质类型，都有能力获得幸福，关键在于家长怎样去引导孩子感受幸福。下面四节，我们将解开不同气质类型的幸福密码。

第二节
多血质的幸福密码

先让我们来看看典型的多血质孩子的生活常态。

方形形读的是服装设计,今年大一,她的多血质特征比较明显。

每天早上,方形形只要一走进教室,就开始东拉西扯,哪怕上课铃响了,也要和同学聊上半天才会听讲。方形形到底聊什么呢?方形形聊的内容对于学习而言几乎毫无价值,对于生活而言也无甚裨益,一会儿说假期里和闺密去了环球影城,一会儿说过几天有个明星开演唱会,一会儿又说昨晚在微信上新结识的朋友,再不然就是评论老师或者同学今天的装扮……即便是聊够了,开始听课,方形形也不能全神贯注地投入。她一会儿观察老师的穿着,一会儿研究老师的口音,一会儿探头探脑看同学的新书包……总之，方彤彤总是注意力不集中。

晚自习方彤彤更是坐不住，不是起身倒水喝，就是上厕所，或者到走廊里打电话，要不就是低头玩儿手机……而且只要看见熟悉的同学，她就会热情地打招呼，漫无目的地说上几句。

方彤彤常常拖拖拉拉、效率低下，用电脑做设计作业，不是被网页弹出的新闻吸引，就是被旁边同学的动静打断。周围有点风吹草动，方彤彤就会情不自禁地竖起耳朵倾听，东张西望……就这样，方彤彤的作业总是不能按时完成，她给自己找了许多拖拉的理由，比如时间太紧、设备不佳、状态不好，等等。

多血质的人，总喜欢从兴趣出发选择学习的内容，而在学习过程中，又常常因为太活泼、太好动，缺乏耐心、缺少细致，导致学习进度拖拉懈怠。所以多血质的人适合创意性学习，而不是执行性学习。多血质的人比较容易受到环境干扰，在学习中往往不容易集中精力，所以他们不适合每天千篇一律的学习进度，需要各种课程穿插学习。

多血质的人是非常善变的，他们的注意力会在瞬间转移，他们的时间和精力会随时面临被分散、被消耗的危险。多血质的人拥有强烈的好奇心，因为喜好竞争与挑战，所以很难固定学习兴趣，一定要通过强化引导让其不断积累学习兴趣，才能鼓励其持久地学习下去。

多血质气质类型的人虽然有如上所述的种种缺点，但也有机敏而灵活、反应速度快、适应能力强等诸多优点，在应对突发事件时，多血质的优点就会迅速彰显。

事实上，在生活中，强烈的、典型性的多血质气质类型并非多数，大多数孩子都是两种甚至三种气质类型的综合体，即所谓的混合型气质类型。先天气质的缺点，还可以通过后天形成的性格加以弥补。所以请相信，多血质气质类型的孩子在家长的引导和自我的努力下，完全可以使自己变得成熟稳重，注意力集中，耐力持久，学习有章法，生活有秩序。

记住歌德的话："一个人不能战胜自己，永远是一个奴隶。"亲爱的孩子们，你们想更幸福吗？那么，就请扬长避短、趋利避害，多一点耐心、多一点细致、多一点毅力，珍惜当下的每一天，过好自己的幸福人生。

第三节
胆汁质的幸福密码

胆汁质的孩子性情直率、精力旺盛，所以一旦投入学习，就热情十足。对于胆汁质的孩子来说，如果这门课程是自己喜欢的，哪怕再艰苦、再困难，也会坚持到底。胆汁质的孩子对于自己热衷的学科和自己喜欢的事情，具有极大的耐心和恒心，不像多血质的孩子那样容易转移兴趣。

然而，胆汁质的孩子在学习中却会表现出强烈的周期性，处于精力高潮期时，效率相当高；一旦精力耗尽，热情就会一落千丈。胆汁质的孩子对自我的价值评价也会出现周期性的波动，情绪低落时会消极懈怠、失去信心、脾气暴躁、情绪激动；情绪高涨时会勇往直前、义无反顾、满腔热忱、信心百倍。

正因为具备以上的周期性波动，胆汁质的孩子在热情高涨时，会由于过度投入而疲劳。这就愈发导致了胆汁质的孩子在学习热情、个人情绪以及个人体力上的周期性波动，而这种周期性波动，会严重影响个人的身体健康、情绪状况和学习秩序。

举一个身边的例子。有位同学叫小况,具有明显的胆汁质特征。

大二的时候,小况爱上了一位美丽的女同学,爱得死去活来。家庭并不富裕的小况,每个月都要给心爱的女友买衣服、买礼物,尽管每个月的最后几天,他都囊中空空,只能用馒头、咸菜充饥。

有一次,隔壁班的一位男生在不经意间冒犯了小况的女友,第二天,小况就找到那位男生,狠狠地揍了他一顿。那位男生颇感冤枉,正值血气方刚,便找了几个朋友,在某个月黑风高的夜晚,埋伏在小况每晚下自习都会经过的小路旁。那场"战斗",以小况的惨败而告终。接下来的三个月,小况就只能躺在宿舍的床上度过了,而那几位发起战斗的男生则被勒令退学了。

虽然小况爱得轰轰烈烈,冲冠一怒为红颜,然而女同学的父母最终还是不肯把女儿嫁给小况。两位老人的理由非常正当,他们说小况为人不够成熟、不够稳重,不能担负起照顾女儿一生的重任。最后,两位老人把女儿送到了国外,硬生生地拆散了这对小情侣。

小况失恋后,整整一年萎靡不振,直到大四进入一家游戏公司实习,才算重新焕发了活力。

小况在职场上的故事，与他在情场上的故事情节雷同。小况进入公司后，激烈的竞争、巨大的压力，激发了他的活力，他成了单位里的"拼命三郎"。由于工作努力、精力充沛，小况深得老板器重，而小况也因为将全部精力都投入工作，渐渐忘记了那段失败的恋情。还在实习期间的小况就天天加班，不分昼夜地忙碌，节假日也不休息，在实习半年后就收到了该公司的入职邀请，成为该公司的正式员工。然而春节之后，大四下学期，小况回学校写毕业论文，看到宿舍里其他男生都有了女朋友，情绪一落千丈。他开始怀疑，自己这样努力工作，究竟为了什么，又究竟得到了什么。春节过后，小况去游戏公司上班，一改前半年的积极努力，消极懈怠起来，他不是有意如此，可不管老板怎么鼓励他，他都打不起精神。就这样，小况的职场生涯，无可挽救地跌入了低谷期。

小况的经历，是胆汁质气质类型的人都会遭遇的经历。这主要是因为胆汁质气质类型的人，本身就具有强烈的周期性特征。这种气质类型的人，由于情绪反应过于强烈，兴奋度太高，在学习和工作中激情过高，很容易导致过度疲劳。

虽然胆汁质气质类型的人情绪波动比较频繁、容易冲动，但因为他们在全力学习和工作时，干劲远远高出其他三种气质类型的人，所以在他们处于情绪和生理的高潮期时，往往能够完成一般人难以胜任的工作，创造辉煌的成就。所以，胆汁质气质类型的孩子们不妨扬长避短，把自己的气质类型变成自己的人生优势，把激情变成力量，让自己在前进的道路上飞快地奔跑。

人生的价值不在于生命的长短，而在于生命的质量。要想提升生命的质量，就要时刻对生活充满激情。脾气不好可以自我调整、不断改善，能力不足可以持续学习、逐步提高，然而激情却很难习得。所以胆汁质气质类型的孩子，一定要珍惜自己的激情，它是一种发自内心的力量，拥有自发的激情，就拥有无限的潜力。胆汁质气质类型的孩子，要想拥有更多的幸福，就一定要控制好自己的情绪，发挥好自己的激情，用无限的激情去拥抱有限的世界，用不懈的努力去发掘激情的世界。

第四节
黏液质的幸福密码

黏液质气质类型的孩子沉默寡言、安静稳重，虽然反应缓慢，但专注认真、耐力持久。虽然从某种角度讲，多血质的孩子和胆汁质的孩子更具有活力与激情，但黏液质的孩子耐力更强。

黏液质的孩子由于反应缓慢，不善于处理突发性事件。而且由于黏液质的孩子情绪不易外露，所以不善与人沟通，他们的内心世界也很难被人了解，他们不善于与家长交流，不善于和同学沟通，喜欢自己生闷气。黏液质的孩子惰性较大、太过稳重，在进入新的学习环境和生活环境之后，很容易因为沉默寡言、不善表现而错失良机，给人以不思进取、故步自封的印象。不过相处时间久了，黏液质的孩子就会让身边的同学感受到安心与放心。套用一句时髦的话，那就是黏液质的孩子很"靠谱"，他们只要认准了一个目标，就会矢志不渝地朝这个目标慢慢前进；他们只要学习了一门课程，就会认真踏实、按部就班地把这门课程学好。黏液质的人常常会在某一领域坚持到底,直至胜利。

黏液质的人虽然稳重踏实,却也迟钝逃避,很多暗恋的故事都发生在黏液质的青年身上。下面的故事,发生在我非常要好的朋友身上,这个故事至今还令我唏嘘不已。

我的这个朋友,暗恋了一个女生10年,为了这份暗恋,他苦苦守候了10年。从高二那个女生转学的那一天开始,他就四处寻找她的踪迹,在生活中找,在网络上找,在睡梦中也找,然而那个女生却像游离的影子,不经意间就消失了,然后偶尔烟雾般飘来一丝不确凿的消息,接着又消散不见踪迹。

我知道他一直在找她。高二那年她转学后,他曾托我帮他寄过很多封信给她,当时的他甚至没有勇气自己把信投进信筒,只好一次又一次把信交给我,然后,再要回去检查一遍早已检查过十几遍的地址,最后,把期望、心跳和信一起小心翼翼地交到我的手里。他从小就是一个内向的男孩,害怕被人关注,羞怯于被人关爱。在我帮他寄了许多封信之后,我问过他:你是不是喜欢她?他低头不答。不知道是因为地址错了,还是那个女生的妈妈隐匿了他寄给她的信,反正,记忆中他从没有收到过她一封回信。

10年的时光是漫长的,这10年里,他始终不肯忘记她,在他心里，她是那样美丽的一个女生，她会唱歌，还很勇敢，敢在老师讲课讲错的时候举手发言，指出老师的错误。敢于冒着早恋的"恶名"和另一个在他看来并不算帅的男孩牵手，还敢和那个男孩一起逃课。在他看来，女孩就应该像她那样，活泼而勇敢，天真而无畏。10年中，他遇到过很多人，却没有动心过，在他心里，她是最美的那朵花，他始终在苦苦地等待她的出现。

后来，他终于从我们那个城市的电话簿上找到了她家的电话，电话簿上写着她母亲的名字。他第一次拨通她家的电话时，双手颤抖，面颊通红。后来，他写了很多日记，给自己，也给她。那几年，他都会躲在自己的小屋里写日记，一本写给她，一本写给自己。

在和她的交往中，他只做过一件勇敢的事情，那就是把自己的日记本拿给她看，那是他年少的心中全部的秘密，我记得他骄傲地给我看过她在他的日记本上写下的一句话："黑蝴蝶会永远在你身边飞翔的。"因为他在日记里，把喜欢穿黑裙子的她比作了一只飘忽不定的黑蝴蝶。可是，她从来就没有在他身边飞翔过，他依旧还是暗恋她，他们之间依旧还是咫尺天涯。

10年后的一天，我突然发现他勇敢起来，在春暖花开的季节里，他在同学群里发了一个寻人的帖子："黑蝴蝶，你还记得我吗？我一直在找你，无论是你还是知道你的消息的人，都请与我联系，谢谢大家！"我惊讶于他的勇敢，我打电话给他，才知道这件事是他的女友干的，他的女友知道他忘不了她，就去帮他找她。

故事讲到这里，亲爱的读者，您难免会觉得有点跑题，但如果您是黏液质的人，多多少少会在心中生出一些惆怅，想必您的人生中，也曾经如此暗恋过，也许暗恋的是一个人，也许暗恋的是一份爱好，总之，你坚韧而持久，不肯放弃，也不肯向前。

对于黏液质的孩子来说，最美丽的花永远是记忆中的那一朵，最幸福的时刻永远是回忆里的那一刻。所以，黏液质的孩子如果想拥有更多的幸福，一定要敞开胸怀向前看。要知道，一切都不像想象中那样艰难，只要迈出脚，就能够做到，一切也并不像想象的那么复杂，只要去做，就能够有成绩。生活总是那样奇妙，只要肯回头看看身边的人和事，只要加快速度向前跑，就能够感受到幸福，就能够拥有更多的幸福。

第五节
抑郁质的幸福密码

在这四种气质类型中,最孤僻、最内向的,就是抑郁质气质类型。抑郁质气质类型的孩子,就像这种气质类型的名字一样,消沉、苦闷。抑郁质的孩子常常缺少朋友,人际关系较差,他们的内心敏感而脆弱,渴望温暖却又害怕伤害,所以他们是最矛盾、最悲观的气质类型。

抑郁质气质类型的人神经系统比较脆弱,在工作和生活中容易比别人感到疲劳,常常容易因为忧郁伤感而影响工作,是天生的悲观主义者。

抑郁质气质类型的孩子,即便通过自我改善,气质有所改变,也大都是乐观的悲观主义者。因为思维和行动往往带有惯性,抑郁质气质类型的孩子已经习惯了忧郁沮丧、多愁善感,或者习惯于苦思冥想、烦躁不安,所以,即便通过自我调整,努力让自己积极向上、朝气蓬勃,也很难摆脱抑郁质的困扰。

读到这里,家长们是不是会质疑:难道抑郁质气质类型的孩子就很难感受到幸福吗？非也。

现在，让我们一起解读抑郁质气质类型的幸福密码。

密码一：唤起对生活的兴趣

如果您的孩子是抑郁质气质类型，那么首先要教孩子学会的，就是唤起对生活的兴趣。如何唤起对生活的兴趣呢？想想生活中有哪些事能够让孩子感受到开心和快乐，找到那些孩子感兴趣的、能够吸引孩子注意力的事物。如果孩子喜欢大自然的美好，不妨带孩子走出房间去旅游；如果孩子喜欢和为数不多的几个谈得来的同学、朋友相处，不妨几个家庭约着一起聚会游玩；如果孩子喜欢运动，不妨带孩子跑步、游泳、玩儿滑板等。总之教孩子默念"一切都会过去"，教孩子相信"没有过不去的火焰山"，生活中总有快乐和开心，总可以唤起孩子对生活的兴趣。

密码二：驱散不良情绪

抑郁质的孩子，很容易感受到烦恼，很容易陷入悲伤。所以，遇到抑郁质气质类型的孩子，家长一定要教孩子学会驱散自己的不良情绪。用良性情绪来驱散不良情绪，是抑郁质的孩子觅到幸福的绝好途径。

曾经，有一个孩子身患重病，在治疗过程中做过四次大手术，他被厄运打倒，从此情绪低落，萎靡不振。这个孩子的父亲在他最困难的时候问他："孩子，你不是想成为将军吗？你知道如何才能成为常胜将军吗？"孩子好奇地看着父亲。父亲笑着回答："其实这个世界上本来就没有常胜将军，真正的常胜将军就是不怕失败，屡败屡战，只要你活得比你的敌人久一些，史书上记载的胜利者的名字就是你，你也就成了最终的常胜将军。"孩子听后，思考了很久，终于对父亲说："爸爸，我明白了，你是说我也可以做常胜将军，只要我比病魔活得久一点，我就能战胜它，成为常胜将军，对吧？"父亲欣慰地点点头。从那以后，孩子开始积极配合治疗，认真吃饭，转移注意力，学习各种感兴趣的知识，不再执着于自己能不能治好，他相信，只要自己可以坚持得久一点，比病魔活得久一点，就可以胜利！最终，四次手术后，经过半年的休养，孩子终于康复了，他战胜疾病，成了病房里的常胜将军！

用良性情绪转移孩子的注意力是克服一切不良情绪的最好方法之一。当抑郁来临的时候，不妨强迫孩子去想一些快乐的事情，去做一些快乐的事情，即便孩子提不起兴趣，但只要我们引导孩子去做，在过程中就能够逐渐改善孩子的情绪。比如和孩子一起回忆一些快乐的事情，一起吃孩子喜欢的美食，一起唱一首充满激情的歌曲，一起看一场幽默诙谐的相声或小品……通过转移注意力，逐渐培养孩子的良性情绪，孩子就可以逐渐变得快乐起来。

密码三：否定孩子的抑郁

就算你的孩子是抑郁质气质类型，也一定不要天天告诉孩子：你太抑郁了。摆脱抑郁的第三个密码，就是否定孩子的抑郁。一旦发现孩子有点抑郁，就要对孩子说："你的不开心都是暂时的，你的情绪和状态还不错。"

否定孩子的抑郁，不是否定孩子的抑郁质气质类型，而是否定孩子拥有的抑郁质气质类型中的缺点，肯定孩子拥有的抑郁质气质类型中的优点。抑郁质的孩子也有自己的优点。抑郁质的孩子不会像多血质的孩子那样易于转移兴趣，容易被外界事物吸引，他们在学习上比较细心，在生活中比较谨慎，很少犯错。抑郁质的孩子也不像胆汁质的孩子那样呈现出明显的周期性状态，他们不乱发脾气，在学习中表现持续而耐久。抑郁质的孩子和黏液质的孩子相比，更为敏锐和机警，由于他们体验深刻，善于觉察其他孩子不易觉察到的细小事物，在细节上比其他孩子更加注意，在细节决定成败的今天，更容易获得机会。

所以，抑郁质的孩子一定要学会否定自己的抑郁，肯定自己的优点，这样才能拥有更多的幸福。

其实，不管孩子属于哪一种气质类型，他们都可以拥有幸福，只要家长引导孩子读懂自己，读懂人生，学会调节，珍惜当下，幸福就会如影随形，就会环环相扣。

第九章
幸福就是这样环环相扣

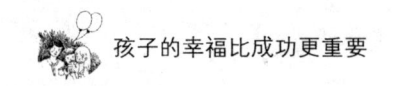

第一节
教会孩子相信自己会幸福

这本书写到这里,相信亲爱的读者,您已经对孩子的幸福有了明朗的理解,之所以用"明朗"这个词,就是希望您读到这里,内心有拨云见日般的感触,确实感受到孩子的幸福比成功更重要。那么回到现实生活中,您是不是还会发出这样的感慨:"这本书里的这些道理我都明白了,可我真的能够在放下这本书之后,带领孩子感受到幸福吗?"没错,请您先相信自己,相信幸福,孩子才能相信自己,相信幸福。

在人的一生中,自信与自卑,这对看似对立的品质,往往交替出现在生活的不同时段。同一个人,可能在人生的这一阶段表现得很自信,而在人生的另一个阶段表现得很自卑。自信是成功的基石,自卑是人生的绊脚石。家长们首先要自信,相信孩子们现在就很幸福,孩子才能相信自己,相信幸福。

第九章 幸福就是这样环环相扣

爱因斯坦,这位创立了相对论的科学巨人,早年间曾经十分自卑。他父亲有一次充满忧虑地问他的中学校长:"请您告诉我,我儿子将来究竟干什么好呢?"校长斩钉截铁地回答说:"不管干什么都一样,他干什么都不会有任何出息!"然而爱因斯坦的母亲却坚信自己的儿子不是个笨孩子,就连别的家长问她,小爱因斯坦不喜欢说话也不喜欢和别的孩子玩耍,是不是有点抑郁,她的母亲都坚定地回答:"你们不了解他,他不是在发呆,而是在沉思,在想问题。他将来一定是一位了不起的大学教授。"因为母亲的自信,所以爱因斯坦也是自信的,他相信自己,相信未来。如果没有母亲的信任,没有他的自信,如果当年他被校长的话击垮,失去了前进的勇气,人类历史上恐怕就不会有相对论的诞生了。

19世纪时,英国伦敦有一位少年,梦想成为一名作家,可一切似乎都预示着,他不可能成为一名作家。这位少年还没读到小学四年级,便因父亲欠债入狱而辍学流浪,从此,这位少年一直过着颠沛流离、寄人篱下的生活。他常常饿得两眼发黑,有时还会晕倒在拾荒的途中。后来,这位少年终于找到了一份工作,在库房里给黑乎乎的油瓶贴标签。虽然库房里老鼠肆虐、肮脏阴冷，但这位少年终于可以挣钱养活自己了。谁也想不到，这位贫苦的少年，竟然一直坚信自己能够成为一名作家。为了避开大家嘲讽的目光，这位少年常常在深夜悄悄跑出去，把自己一笔一画写好的稿件投进邮局门前的邮箱里。在经历了无数次的失望之后，终于有一天，命运眷顾了他，他的稿件被采用了！尽管他并没有得到报酬，但他得到了一位编辑的称赞，这份称赞增强了他的自信。后来，这位少年坚持不懈地朝着自己的目标努力，最终成为一名伟大的作家，他的作品在他去世后多年，仍然在许多国家一版再版，这位曾经的少年，就是英国作家狄更斯。

人间世事，变幻莫测。中国有句老话，"三十年河东，三十年河西"，如今这个时代，一切都"快餐化"了，别说30年，10年也就弹指一挥间。网络上曾经流行一句话，那就是"出来混，总是要还的"。把这句话延伸开来，体现的就是一个人的自信。怕什么世道不公？怕什么怀才不遇？怕什么英雄无用武之地？只要相信自己，一步步走下去，迟早有"还"的那一天，只要肯努力，丑小鸭也能变成白天鹅，青蛙也能变王子，孩子都能戴上属于自己的桂冠！

一个孩子可以没有英雄的能力，但绝对不可以没有英雄的心。当然，真正的英雄也并不总是慷慨纵横、雄心万丈。罗曼·罗兰曾经说过："真正的英雄并非永远没有卑下的情操，只是永远不会被卑下的情操所征服。"

所以，家长一定要相信自己，相信孩子，并教孩子相信自己。一个人，如果在内心深处看不起自己，对自己的想法持怀疑的态度，那么做什么事都会畏首畏尾、犹豫不决，这样一个不自信的人，又怎么可以赢得别人的信任和世界的赞誉？

相信自己，才有内心的希望和幸福。幸福的确存在，别说自己的孩子是阳光照射不到的角落，别说自己的孩子生来坎坷，一帆风顺不是幸福，幸福的存在是永恒的定律。

> 古希腊神话里有这样一个故事：有一座山叫高尔丁山，山顶有一扇通往成功的大门，上帝用一副绳索捆绑着这扇门，并在绳索上打了一道死结，这就是有名的"高尔丁死结"。据说谁能解开这道死结，谁就能够获得成功。多少年来，不计其数的智勇之士都以失败告终。有一天，仗剑的亚历山大来到死结前，手起剑落，将死结斩为两段，大门就此向他敞开。"我不能沿着别人失败的道路重蹈覆辙，我必须寻求自己的解决之法。"亚历山大解开了"高尔丁死结"，获得了成功。

为什么亚历山大能解开"高尔丁死结"，而别的人却解不开呢？其实每个人都有仗剑砍开死结的能力，可是很少有人这样想。为什么呢？因为在他们的意识里，这个死结必须用手解开。亚历山大之前的所有人不是败给了亚历山大，而是败给了自己，败给了自己头脑中固有的经验与思维。可以这么说，打败我们的，不是别人，往往是我们自己。我们不相信自己的孩子可以成为爱因斯坦，所以孩子自己也不敢向爱因斯坦的道路迈进。

还有这样一个故事：

很久以前，有一群印第安人被白人围困，处境十分危险。首长对大家说："我们的处境看起来不妙，我这里有一个好消息，还有一个坏消息。"大家骚动不安，首长接着说："首先，我要告诉大家坏消息。"所有的人都紧张地看着首长。首长说："除了水牛的饲料以外，我们已经没有什么东西可吃了。"大家惶恐起来，惴惴不安，问道："那我们可怎么办啊？"突然，有一个人发问了："那好消息又是什么呢？"首长笑着回答："那就是我们还存有很多的水牛饲料。"智慧而幽默的首长，在濒死的困境中，依然保持着豁达的心态，他所看到的，永远是生的希望，永远是幸福的曙光。这无疑是一个在厄运面前不会绝望的人，这样的人，才是真正相信幸福，并且会拥有幸福的人。作为家长，我们首先要让自己成为首长一样的人，然后，鼓励孩子成为首长那样永远自信、永远乐观的人。

迈克尔·乔丹被誉为"飞人""世界球王"，但很少有人知道，乔丹最初是被退训的球员。高中时，校队教练就以身高不够一米八、技术差为由把乔丹劝退了。乔丹得知消息后回家哭了一天。在众人都认为乔丹已经放弃了进篮球队的打算时，乔丹又来到了校队，他诚恳地跟教练讲："身高不够，我可以通过锻炼长到一米八；技术太差，我会多加努力。不许上场比赛，我也没意见。我愿意在现场帮所有的球员拎行李，球员们下场的时候，我愿意帮他们擦汗。请您让我在这个球队，跟这些球员一起练球。"乔丹的态度感动了教练，教练答应了他的要求。从此，乔丹早上练球，中午练球，下午跟着球员一起练球，晚上自己还要练球，比任何人都要努力。有一天早上，篮球场的管理员整理球场时，发现有一个黑人学生在地上睡觉。这个黑人学生就是乔丹。乔丹凭着自己的执着，终于成为世界闻名的篮球明星，被公认为美国职业篮球史上最伟大的球员之一。乔丹用自己的经历告诉我们：如果你相信自己、相信幸福，你就会实现自我，获得幸福！

曾经有人这样评价乔丹："上帝挡不住乔丹。"作为家长，我们不妨对自己的孩子说："孩子，谁也挡不住你的幸福。"只要孩子相信自己，幸福就会降临。

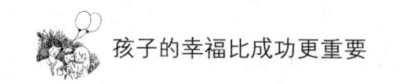

第二节
不抱怨的人生更幸福

事实上，有些家长经常抱怨孩子，比如早晨起床，家长就开始抱怨："你怎么这么磨蹭，快点起床，要不就迟到了！"然后吃早饭的时候，家长又开始抱怨："你怎么这么挑食，再挑食就不长个儿了，快吃，快吃！"出门上学的时候，家长又开始抱怨："快点，快点，你怎么没点紧张感，要迟到了！"于是，孩子们就在家长的催促和抱怨里，开始了不算开心的一天。

事实上，家长完全不必这样抱怨和唠叨。

早晨喊孩子起床的时候可以提前10分钟，就会多一些从容和愉快。也不要说孩子怎么这么磨蹭，而要说："宝贝起床了，宝贝是动作迅速的小兔子，谁也比不过你的速度。"吃早饭的时候可以鼓励孩子："我家宝贝知道不挑食才能营养全，长得高，我家宝贝从不挑食，是吧？"上学的时候也可以愉悦地对孩子说："我们今天肯定不会迟到，是吧？还有20分钟，你只要比平常走路稍微快一点，就不会迟到，还能提前到校呢！"这样的话，孩子就不会感觉到抱怨和唠叨，内心的幸福感也不会被吓跑了。

成年人在琐碎的生活中，逐渐形成了一些不良的话语习惯，比如唠叨、抱怨、埋怨。生活在人世间，谁能没点烦心事呢？作为成年人，自己能化解就化解吧，如果自己化解不了，就请大家帮帮忙，不要发泄在孩子身上。而且生活中的一切，并不会因为你的唠叨和抱怨而变得更好，不如抓紧一切可能抓紧的时间，想尽一切可能实施的办法，去努力向前，去补救错误，去重新尝试。

某当红主持人曾经采访过一个20岁上下的女诗人，镜头前的女诗人这样说："我的天分和灵感，都来自对父亲的恨，在我3岁的时候，他就抛弃了我和妈妈。"说着，眼泪夺眶而出，现场观众也为之动容。在许多人眼里，她的确不幸，3岁的时候就没了父爱，幼小的心灵埋下怨恨的种子，用一首首诗歌书写对父亲的怨恨，书写自己心灵的体验，书写自己人生的感悟。然而事实上，不完美的人生才是最真实的人生。芸芸众生里，年轻的女诗人不过是那个没钱买鞋的光脚孩童，跟没有脚的孩子相比，她的人生要幸运得多。

她的痛苦为何如此沉重？她的哀怨为何如此幽深？她无情的父亲固然

可憎，然而，她的母亲却更可悲，年轻的女诗人一次次重复着自己的过往，一次次抱怨着曾经的伤害，将心头的怨恨在岁月里累加，任自己的痛苦在成长中蔓延，这样的人生态度何尝不是受母亲的影响，而这种情绪正是她痛苦的真正根源，也是她人生的可悲之处。过去的一切，好也罢，坏也罢，都不可再得。即使上一秒发生的事，也一样灰飞烟灭，不可改变，不复重来。为什么要被既有的事实牵着鼻子走呢？是习惯了抱怨，还是习惯了悲情？她的母亲为什么要让孩子成为不幸的奴隶，执着于怨恨，沉浸于痛苦呢？

真正聪明的父母不会抱怨，因为世上的一切本来就不是我们能够主宰的，我们能够做的就是努力再努力，尽人事顺天意，无论孩子如何成长，都是意外之喜。与其抱怨，不如感谢现在已经拥有的幸福。

有的学生临近高考，突生疾病，出了医院就进考场，考试发挥失常，没考上重点大学，禁不住抱怨时运不济；有的学生大学毕业后，找不到工作，眼看同学顺理成章走进了父母给安排的好单位，禁不住抱怨自己没有一个好爸爸；有的男孩遇到一个心爱的女孩，最终却无奈分手，忍不住抱怨人生无常，情深缘浅。诸如此类的抱怨，让人感到痛苦。

其实所有的痛苦，都是由这些大大小小的抱怨组成的，它们日复一日、年复一年地累积起来，构成了孩子眼里的无奈、不公、倒霉、悲惨甚至厄运。事实上，世界真的不公平吗？不，所谓的不公，往往来自抱怨。

奥地利作曲家小约翰·施特劳斯和他的父亲老约翰·施特劳斯的故

事,与前文年轻女诗人的故事有些相似。

小施特劳斯6岁时,就展现出非凡的音乐天赋,可他的父亲老施特劳斯却因此大为不安,生怕有朝一日儿子超越自己,所以禁止儿子学习音乐。后来,老施特劳斯抛妻弃子,和情妇住到了一起。小施特劳斯的母亲安娜,从微薄的家庭收入中省出钱,给小施特劳斯请了音乐教师。有一次,老施特劳斯偶尔回家,看到儿子在练习小提琴,竟用鞭子狠狠地抽了他一顿。

视儿子为威胁的老施特劳斯,不仅阻止孩子学音乐,还对小施特劳斯进入音乐界设置重重障碍。他警告维也纳各大舞厅,谁敢邀请小施特劳斯演出,他就拒绝到谁家去演出!当时,老施特劳斯被称为"圆舞曲之王",在维也纳音乐界无人可敌,谁也不敢得罪这位大师。被各大舞厅拒之门外的小施特劳斯,只好到城郊一家咖啡馆的花园里举行露天音乐会。老施特劳斯听到这个消息,竟然宣布,在当天晚上,他也将举办一场音乐会。尽管如此,小施特劳斯的音乐会还是观众云集,人们都想一睹大师之子的风采。老施特劳斯恼羞成怒,组织一些人去儿子的音乐会捣乱。可令老施特劳斯意想不到的是,观众以及他的老朋友们,都被小施特劳斯的音乐深深吸引!更令他想不到的是,在音乐会的最后,小施特劳斯演奏了父亲最负盛名的圆舞曲《莱茵河畔的迷人歌声》，以表达对父亲的敬意，请求跟父亲和解。此情此景，令在场的观众热泪盈眶，也令老施特劳斯羞愧不已。终于，所有的恩怨化成了美好，没有抱怨，没有嫉妒，甚至没有一丝不满。

倘若那个女诗人也能够不再抱怨，不再仇恨，代之以感谢，感谢给自己生命的父亲，感谢自己的那段经历成就了今天的成功，那还有什么痛苦和悲情可言呢？爱恨皆由心生，没有了抱怨，也就没有了痛苦。维纳斯雕塑因其断臂而显得魅力无穷，人生因不完美而美丽。不抱怨的人生，才可能造就辉煌。

荀子曾经说过："自知者不怨人，知命者不怨天，怨人者穷，怨天者无志，失之己，反之人，岂不迂乎哉！"大意是说，有自知之明的人，知道怎样选择生活的道路，决不会做怨天尤人的事情；而那些喜欢怨天尤人的人，多是人穷志短的人，不懂得从自己身上找原因，只会抱怨他人。

任何人要想取得成功，在生活中就要做到远离抱怨，因为抱怨本身并不能给你的生活带来任何改变。"塞翁失马，焉知非福"，一件失意的事情发生了，我们换一个角度去看，拒绝抱怨，快乐就会多一点。一味地怨天尤人只能消耗自身的能量，给身边的人带来无尽的烦恼。苏轼曾说，"一蓑烟雨任平生"，不抱怨、不抛弃、不放弃，教孩子朝着自己的人生目标走下去，孩子就一定会获得幸福！

第三节
原谅别人就是祝福自己

这本书快要结束了，这一节，是本书的倒数第二节，亲爱的读者们，你们是不是有一些不舍？就像孩子们过暑假，在家里一集集地看动画片《名侦探柯南》，看到结尾时，突然意识到一场大戏就要落下帷幕，心中生出千般不舍、万般留恋。这一节，和读者们聊聊原谅。

先讲一个故事。

有一支军队，在沙漠里遭到了敌人的突袭，血液染红了黄沙。最后只剩下两个人还活着，一个是年轻的指挥官，一个是年老的炊事员。炊事员对指挥官说："请你带上我一起走吧！我的沙漠阅历很丰富，我能辨认方向，没有我，你绝对走不出这片沙漠。"指挥官看着双鬓花白、一身伤病的老人，一时悲从心起，他把老人扶上马，自己跟在马后，两人一起开始寻找走出沙漠的道路。

太阳炙烤着他们,指挥官喉咙干得像要着火一样,他们没有一滴水,更没有食物。老人说:"把马杀了吧!"指挥官点点头。两个人把马杀了之后,老人央求指挥官:"现在马没了,我又走不动,你背我走吧!"两个人的体力都很差,老人却提出了无礼的要求。指挥官愣了一下,虽然心有不快,但还是背起了老人。

时间一分一秒溜走,一天又一天地过去,无边无际的沙漠,仿佛怎么也走不到尽头。老人的身体越来越虚弱,要求却一天比一天过分。马肉终于吃完了,指挥官虚弱不已,再也背不动老人了,他瘫倒在地上。这时,老人又开口了:"你自己逃生吧!我不行了!"指挥官坚定地说:"不,我一定要和你一起走出沙漠!"老人笑了,摇摇头说:"可怜的孩子啊,难道你没发现,这些天我一直在刁难你吗?我没想到你会一直容忍到现在。"说完,老人从身上解下一个布包,"拿去吧,里面有水和食物,还有指南针,你朝东再走一天,就可以走出沙漠了,我们已经浪费了那么多时间……其实,我一直带着你绕圈子,三天前我们就可以走出沙漠的。因为我恨你!在战场上,我亲眼看着我的两个儿子死在了你的刀下。可这段时间,你一直在帮助我、照顾我、容忍我,我的仇恨被你的行动化解了,我不想再仇恨你,只想让你活下去……"说完,老人欣慰地闭上了眼睛,满脸安详和纯净。

荷兰哲学家斯宾诺莎说过:"人心不是靠武力征服,而是靠爱和宽容征服的。"教孩子感受幸福、拥有幸福的同时,一定要教孩子学会原谅。教孩子宽容这个世界,宽容所有的人。

享誉全球的澳大利亚畅销书作家安德鲁·马修斯在《宽容之心》中写过:"一只脚踩扁了紫罗兰,它却把香味留在那只脚上。"如果你被人"踩到",那么就做一枝宽容的紫罗兰,原谅别人吧!原谅别人就是祝福自己。

原谅别人,就学会了成长;原谅别人,往往更能得到别人的尊重。雨果曾说过:"世界上最宽阔的是海洋,比海洋更宽阔的是天空,比天空更宽阔的是人的胸怀。"屠格涅夫说过:"不会宽容别人的人,是不配受到别人的宽容的。""海纳百川,有容乃大",你宽人一尺,别人也会容你一丈。原谅了别人,人生就会更平和,更平坦。

尽管我们不可能教孩子完全避免生活中的伤害,但是为了孩子的幸福,我们可以选择教孩子做一个宽容的人。宽容能够驱除孩子身上的愤怒、不平,减少不必要的能量耗费,可以让孩子以清晰的头脑、充足的体力去处理问题。当然,原谅别人也是一种修养,很多时候,并不是想原谅就能够原谅的,成年人大都很难说服自己原谅一个伤害过自己的人,何况孩子。这个时候,不妨教孩子把仇恨搁置在一旁,努力去做自己该做的事情,让时间去化解一切,相信经过时光的洗礼之后,一切都会风轻云淡。

关于原谅，历史上有很多故事，比如三国时期甘宁救凌统的故事。甘宁曾经在战争中用箭射死了凌统的父亲，所以凌统和甘宁结下了不共戴天的血海深仇。后来，二人同侍一主，在一次与敌方交战中，凌统的坐骑被射中，他跌落马下，万分危急，甘宁挺枪而至，帮他挡住了敌人的刀枪。从此两个人结为生死之交，尽释前嫌。连甘宁、凌统这样不共戴天的仇敌，都能化敌为友，成刎颈之交，可见这个世界上，没有解不开的冤仇。而对于我们来说，日常生活中的恩怨，无论是金钱上的，还是情感上的，终究都可以被原谅。

在孩子漫长的一生中，多多少少都会被人伤害，与其让这些伤害留在心底，化成挥之不去的仇恨，不如教孩子做个心胸宽广的人，原谅别人，祝福自己。与其在风雨袭来之夜、华灯初上之时，被旧恨新仇缠绕，不如宽容他人，宽容自己。在仇恨的世界里，没有谁是最后的胜利者，所有的怨恨，伤害的都是自己。

第四节
孩子的幸福永远比成功更重要

亲爱的读者，终于到了说"再见"的时候，相信看完这本书，您和您的孩子就会感受到幸福比成功更重要。

哲人说："你的心态就是你自己的主人。"

伟人说："要么你驾驭生命，要么生命驾驭你。你的心态决定自己是坐骑，还是骑师。"

佛说："物随心转，境由心造。"

心理学家说："心态是横在人生路上的双向门，人们可以将它转到一边，走向成功；也可以将它转到另一边，走向失败。"

虽然表达方式不同，但都说明了一个道理：并不是境遇造人，反而是人造境遇。所以，孩子的幸福，由孩子自己做主，只要孩子相信自己、相信幸福，环环相扣的幸福就会不请自来，只有有了幸福的内心，才会有不懈的动力，才会有更多成功的力量和感受。

无论现在的生活如何，都要保持良好的心态，坦然面对生活所赐予的一切，时刻保持宽容、乐观、积极的心态，坚强地面对生活中的挫折与困难，努力改变现状。孩子的幸福并不由别人决定，孩子是否成功也不在于世人的评价，关键在于孩子自己。

世界上最难征服的是什么呢？有人说是珠穆朗玛峰。珠穆朗玛峰是世界上最高也最危险的山峰，很多经验丰富的登山专家都将登上珠峰顶峰视为人生幸福的巅峰，然而很多人都丧命于珠峰的冰沟与雪崩之中。但是在2001年5月25日，美国人埃里克·韦汉梅尔——一个盲人，竟然成功地登上了珠穆朗玛峰。对于韦汉梅尔这样需要依靠向导引路的盲人而言，攀登珠峰简直难于登天。在韦汉梅尔登山之前，几乎所有的人都警告他，不要冒如此大的风险，但他还是决定挑战自我，找到幸福的巅峰。韦汉梅尔选择了路况最差、天气状况最糟的南峰开始攀登。南峰极为危险，每一步都极为关键。向导们把韦汉梅尔的棍子点在落脚点上，告诉他确切的位置：往左边迈两步，往右边迈两步，在右边落脚……很多时候，韦汉梅尔的落脚点旁边就是巨大的冰缝或是石头，生死只在一线之间。谁也没想到，两个月后，韦汉梅尔成功地登上了珠峰，他凭借自己的力量和坚定的信念，创造了人类历史上伟大的传奇！

亲爱的读者，不要再艳羡别人的孩子，也不要去羡慕别人孩子的幸福，我们的孩子就是独一无二的，没有谁是命运的弃儿，每个孩子都有自己的幸福。阿炳双目失明，然而命运给了他超乎常人的音乐天分，他刻苦钻研，精益求精，一生共创作270多首民间乐曲，二胡曲《二泉映月》《听松》《寒春风曲》和琵琶曲《大浪淘沙》《龙船》《昭君出塞》长存于世。凡·高一生贫苦，最后却画出了流芳百世的《向日葵》。鞋匠的儿子安徒生，从小失去了父亲，却用童话温暖了世界上所有的儿童。被称为"经营之神"的松下幸之助，父母早逝，只念过4年半小学，却创建了松下电器王国。闻名世界的"酒店大王"希尔顿，曾经是个露宿街头的流浪汉。福特汽车公司的创始人亨利·福特，当年只是底特律机器厂的一个学徒工。这个世界上的每一个人，都是命运的宠儿，都拥有自己的幸福，都可以获得成功。命运赐予我们很多，只要教孩子学会感受幸福，就有可能迈向成功。

幸福比成功更重要，因为幸福一直都在，而成功不过是幸福的一种表现形式而已！英国前首相丘吉尔有句名言，"决不、决不、决不放弃"，90%的失败者，都是自己放弃了对幸福的希望。一个自我放弃的人，还有什么资格得到成功和快乐、美好和幸福呢？所以，孩子最强大的敌人，并不是现实中的那些困难，而是自己。教孩子战胜对困难的畏惧，战胜对未来的灰心，不要被困难打倒，不要在困难面前裹足不前，永远不要败给自己，孩子就有可能走向成功。

总之，孩子的幸福永远比成功更重要。所以，别过分担心孩子玩儿电脑，这是他们未来的生活和工作方式。也别太在乎孩子的成绩，要关心他是否喜欢学校。对于孩子，家长除了赞美，当然还要有惩罚，不过惩罚教育不等于棍棒教育。让孩子坚持一项体育运动，篮球、足球、羽毛球、跳绳、跑步……都好。为孩子培养一种终身受用的兴趣，不论高雅还是通俗，不论大众还是小众，音乐、美术、文学、写作、集邮、手工，这些都很好。但请不要让孩子仅仅为了考级或升学去学。我们还可以试试和孩子一起看课外读物，好书是孩子受益一生的良师益友。我们还要有耐心地陪孩子玩儿游戏，即使我们认为他的游戏内容很无聊……总之，除了在成长中教会孩子诚信、善良、孝顺、尊重、原则等基础的东西外，也要包容并认同孩子的个性，毕竟他是唯一的。

最后，我们要教孩子拥有自由的灵魂，学会独立地思考，幸福地生活。鼓励孩子一生做一个幸福的人，远比做一个成功的人更重要。